다 지난 후에 깨달은 한 가지
세상에 마음 주지 마라

THE SHIFT

Copyright ⓒ 2010 by Wayne W. Dyer
Originally published 2010 by Hay House Inc., USA.
Korean Translation Copyright ⓒ 2011 by Book21 Publishing Group
Korean translation rights arranged with Hay House Inc. through EYA(Eric Yang Agency).

All rights reserved.

이 책의 한국어판 저작권은 EYA(Eric Yang Agency)를 통한
Hay House Inc.사와의 독점계약으로 한국어 판권을 (주)북이십일이 소유합니다.
저작권법에 의하여 한국 내에서 보호를 받는 저작물이므로 무단전재와 무단복제를 금합니다.

다 지난 후에 깨달은 한 가지

세상에 마음 주지 마라

웨인 다이어 지음 | 정경옥 옮김

21세기북스

산 자와 죽은 자의 땅이 있고 그 둘을 잇는 다리는 사랑이다.
사랑만이 살아남고 의미를 갖는다.

_손턴 와일더의 《산 루이스 레이의 다리》 중에서

레이드 트레이시에게,
당신과 같은 꿈을 꿀 수 있다는 것에 감사할 따름입니다.

차 례

서문　　　　　　　　　　　　　　　10

1장 | 어디에서

나는 어디에서 왔을까?　　　　　　26
우리는 우리의 근원과 같다　　　　　29
신성은 어떤 모습일까?　　　　　　 34

2장 | 욕망에서

그릇된 자신의 특성　　　　　　　　65
잘못된 자아의 여섯 가지 거짓말　　 68

3장 | 어디로

유턴 준비	105
인생의 방향을 바꿀 때 예상해야 할 것	115
유턴의 7단계	119
각성의 순간이 인생을 뒤바꾼다	125
각성, 그 이후의 삶	129

4장 | 의미로

의미 있는 인생을 위한 준비	141
인간의 본성을 구성하는 네 가지 기본 덕목	144
욕망에서 의미로의 전환	162

주 174

서 문

최근에 〈천천히 서둘러라: 로렌스 반 데어 포스트 경*의 여행(Hasten Slowly: The Journey of Sir Laurens van der Post)〉이라는 제목의 감동적인 다큐멘터리를 보았다. 로렌스 경은 칼라하리 사막의 부시맨들과 많은 시간을 함께 보내며 그들의 이야기를 수집했다. 그는 남다른 통찰력으로 거의 모든 사람들이 품고 있는 근본적인 바람을 몇 개의 짧은 문단으로 요약한다.

칼라하리 사막의 부시맨들은
두 명의 '굶주린 자'에 대해 이야기한다.
그레이트 헝거(Great Hunger)와 리틀 헝거(Little Hunger).
리틀 헝거는 배를 채울 음식을 원하지만
모든 배고픈 자들의 으뜸인 그레이트 헝거는
의미에 굶주려 있다.

궁극적으로 인간을 깊고 극심한 고통에
빠뜨리는 것이 하나 있는데
바로, 그들에게 의미 없는 인생을 맡기는 것이다.

행복을 추구하는 것은 잘못이 아니다.
그러나 영혼에 위안을 주는 것들 중에
행복이나 불행보다 더 큰 것이 있는데
그것은 의미다.
의미는 모든 것을 변화시킨다.
자기 일에 의미를 찾는다면
행복해도 불행해도 괜찮다.
그는 만족을 느끼며, 신(神) 안에서 외롭지 않다.

윗글은 '모든 굶주린 자들의 으뜸인 그레이트 헝거는 의미에 굶주려 있다'라는 부분을 강조한다. 이 책 《세상에 마음 주지 마라(원제: The Shift)》는 영화 〈시프트(The Shift)〉와 더불어 의미와 목적이 없는 삶을 벗어나 의미와 목적으로 가득한 삶에 다가가는 여행에 동참하라고 손짓하는 초대장이다.

나는 오랫동안 (나를 포함한) 사람들 각자가 지닌 잠재력을 최대한 발휘하도록 도우며 살았다. 지금까지 태양을 70번 도는 거리를 여행하면서 분명히 깨달은 사실은 우리 모두가 의미와 목적이 있는 삶을 살고 싶어 한다는 것이다.

이 책에서 나는 의미와 목적으로 충만한 삶을 살기 위해 우리에게 진정으로 필요한 것이 무엇인지를 이야기하려고 한다.

이 책의 바탕이 된 영화는 처음에 〈욕망에서 의미로〉라는 제목으로 개봉되었다. 당시 많은 사람들은 그 제목이 무슨 뜻인지,

무슨 내용의 영화인지 잘 판단하지 못했다. 언뜻 보면 내가 다큐멘터리를 제작했거나 강연 한 편을 필름에 담은 것 같았다.

전국 순회 시사회를 진행할 즈음, 나는 감독과 제작자에게 제목 때문에 발생할 혼란에 대해 말했다.

"영화가 마음에 들어요. 그렇지만 나라면 다른 제목을 붙였을 겁니다. 〈시프트〉라고 했을 거예요. 이 말은 영화에 계속 등장하는 데다, 한 인간이 욕망에서 의미로 이동할 때 꼭 거치는 것이니까요."

다행히 훌륭한 감독과 제작자 덕분에 영화는 새로운 제목을 얻게 되었다. 하지만 원래의 제목에 담긴 뜻은 사라지지 않았다.

나는 영화의 자매편으로 출판되는 책에도 그와 같은 메시지를 싣고 싶었다. 그래서 어떻게 표현하는 것이 좋을지 고민했고, 진지한 명상 끝에 네 개의 단어를 책의 구성 형식으로 사용하기로 결정했다. 그 결과, 지금 독자들의 손에 들린 책이 탄생했다.

성숙한 인간이 되기 위한 영광스러운 여행에 몸담은 사람이라면 어느 누구랄 것도 없이 모두가 어떤 전환이나 변화를 거쳐야만 한다. 나는 우리가 처음 두 개의 꼭 필요한 전환을 훌쩍 뛰어넘어서 의미로 가득한 삶으로 이어지는 의식의 전환에 다다르기를 희망한다. 너무 추상적인가? 도대체 나는 지금 무슨 말을 하고 싶은 것일까?

우리 모두가 거치는 첫 번째 전환은 우리를 비존재에서 존재로 데려간다. 다시 말해 정신과 같은 무형의 것에서 일, 경계, 물건이 존재하는 물질세계로 이동시킨다. 1장의 제목을 '어디에서(From)'로 정한 것은 그 때문이다. 지금 나는 서툰 (그리고 불완전한) 방법으로, 설명이 어려운 상징적인 말과 글로 정의할 수 없는 것을 정의하려고 애쓰고 있다. 그렇지만 나는 '시작의 장소'는 눈에 보이지 않는 영적인 세계, 즉 모든 것들이 발생하고 또 그 모든 것들이 되돌아가는 장소일 것이라는 결론을 내리게 되었다.

그 다음 전환은 '시작의 장소'에서 '욕망'으로의 전환이다. 따라서 '욕망(Ambition)'을 2장의 주제로 정했다. '욕망'은 우리가 시작한 영적인 장소와 대립하는 자아를 갖게 되는 단계다. 이때의 자아는 그릇된 우리 자신이다.

지금까지 우리가 인생에서 거치는 두 가지의 주요한 전환에 대해 설명했다. 대개 그 두 가지 전환을 경험하고 나면 우리는 대개 인생 여행의 끝에 다다른다. 슬프게도, 욕망이 인생 이야기의 끝인 경우가 많다는 것이다.

나는 이 책을 통해 우리가 거칠 수 있는 전환이 두 가지 더 있다는 사실을 말하고자 한다. 그 전환들이 이루어진다면 로렌스 경이 말한 '의미 없는 인생'이 이야기의 마지막 편이 될 일은 없다. 그리고 우리는 누구나 두 번째 전환인 이기적인 욕망을 건너뛰겠다는 선택을 할 수 있다.

세 번째 장의 제목은 '어디로(To)'이다. 우리가 마음의 어떤 장소에 도착하는 것을 나타낸다. 우리는 여기서 그릇된 자신을 등지고 우리의 출발점, 혹은 내가 말하는 '근원'으로 돌아가기로 선택할 수 있다는 사실을 깨닫는다. 인생 여행에서 이 새로운 단계는 영성을 향한 돌아섬이자 자아가 지배하지 않는 신성한 영역으로의 초대장이다. 여기에서 우리는 의미와 목표의 삶을 향해 나아갈 수 있도록 자아를 길들이는 방법을 배운다.

4장에서 소개하는 전환은 '의미(Meaning)'이다. 우리는 그릇된 자아를 버리고 근원으로 돌아가는 여행을 시작하면서 새로운 방식에 따라 살게 된다. 그리고 물질세계의 법칙을 존재의 근원이 성장시키는 '의미'에 항상 적용할 필요는 없다는 것을 깨닫는다.

그리고 기적의 증거들과 처음 알게 된 공시성(synchronicity, 융의 심리학에 기초한 개념으로 필연적인 우연을 일컫는다_옮긴이)의 증거들이 삶 속에 자리 잡기 시작한다. 실제로 지금부터는 의미가 우리 존재의 모든 순간을 정의한다.

내 경험에 따르면 안타깝게도 정말 많은 사람들이 자아의 욕망을 인생의 목표로 삼고 있다. 하지만 우리는 자아가 위안을 준다는 착각에서 벗어나게 해주는 또 다른 두 번의 전환이 있다는 신호를 알아챌 수 있다. 세 번째 전환은 영성의 장소로 돌아가기 위해 발걸음을 돌리게 해준다. 그리고 네 번째 전환은 자아의 욕망을 진정한 자기실현으로 대체하여 의미와 목적이 있는 삶을 살 수 있게 해준다.

우리는 욕망에서 벗어나 의미에 이르는 여행을 시작하려고 노력할 때 자신의 위대한 소명을 실천할 수 있다. 자신의 삶을 빈

화시킬 뿐만 아니라, 덤으로 이 신성한 행성의 운명에도 영향을
미칠 수 있게 된다.

당신의 앞길에 사랑을 보내며

웨인 다이어

---

* Sir Laurens van der Post 1906~1996. 부시맨의 존재를 최초로 세상에 알린 네덜란드계 남아프리카공화국 작가.

1장. 어디에서
From

육신은 영혼의 하프,

감미로운 음률이 흘러나올지,

시끄러운 소리가 터져 나올지는

그대 손에 달렸다.

_ 칼릴 지브란[1]

나는 아주 오래 전부터 생각에 잠기는 버릇을 갖고 있었던 것으로 기억한다. 어렸을 때는 딱히 이렇다 할 해답이 없는 의문들을 떠올리며 인생에 대해 골똘히 생각했다. 처음 죽음을 이해하려고 고민한 건 데이비드 형과 함께 지내던 위탁 가정의 스카프 씨가 세상을 떠났을 때였다. 스카프 부인은 형과 내게 남편이 죽었다고 말하고는 잠시나마 슬픔을 잊은 듯 우리에게 바나나를 하나씩 주었다. 이때다 싶어 내가 물었다.

"아저씨는 언제 돌아와요?"

스카프 부인의 짧은 대답에 나는 어리둥절했다.

"돌아오지 않는단다."

스카프 부인은 주름진 얼굴에서 눈물을 훔쳐냈다.

나는 곧바로 이층 침대의 위 칸 내 자리로 올라가서 바나나 껍질을 벗겼다. 돌아오지 않는다는 말은 무슨 뜻일까. 지나갔다가 다시 오는 낮과 밤처럼 시작하는 것들과 끝나는 것들을 상상해 보았다. 일하러 갔다가 집으로 돌아오던 스카프 씨도 떠올렸다. 과일나무의 꽃들이 사과나 체리가 되는 것을 떠올려 보니 어슴푸레 '원인과 결과'를 이해할 수 있을 것도 같았다.

하지만 스카프 씨가 돌아오지 않는 이유는 아리송하기만 했다. 한 어린아이가 세상의 자연스러운 흐름으로 알고 있던 것들이 깡그리 무너지기 시작했다. 나는 침대에 누운 채 천장을 빤히 쳐다보았다. 대체 어떻게 스카프 씨가 영원히 떠날 수 있단 말인가.

스카프 씨가 절대 돌아오지 않는다는 생각을 할 때마다 혼란스럽고 속이 메슥거렸다. 그러면 생각의 주제는 '저녁은 언제 먹지?' '내 자동차 장난감은 어디 있지?' 같은 조금 더 흥미가 당기는 것, 이해할 수 있는 것들로 바뀌었다. 하지만 천성적으로 호기심이 많은 나의 마음은 '영원'이라는 알쏭달쏭하고 납득하기 어려운 개념에 대해 쉬지 않고 생각하고 있었다. 그러다 보면 뱃속이 울렁거리는 끔찍한 느낌이 다시 찾아오곤 했는데 그렇기는 이 글을 쓰고 있는 지금도 마찬가지다.

스카프 씨가 세상을 떠난 뒤로 '영적인 삶의 본질'에 관한 주제로 34권의 책을 쓰고 수천 회의 강연을 다녔다. 그런데도 육체가 없는 생명의 의미를 알고 싶었던 어린 시절의 그 생생한 순간을 회상하노라면 아직까지도 속이 울렁거린다.

오랜 세월 글을 쓰고 강연을 다니는 동안 내가 '중대한 질문들'이라 이름 붙인 것들에 늘 관심이 쏠렸다. 그래서 오늘날 우리가 정신적인 유산으로 여기는 진리들을 탐구했던 (또한 대부분의 경우 그것들을 실천했던) 고대와 현대, 동서양의 영적이고 철학적인 선각자들에 대해 공부했다. 나는 역사가 기록되기 시작했을 때부터 (그리고 십중팔구 그보다 훨씬 이전부터) 줄곧 인류를 혼란에 빠뜨린 그러한 질문들에 대해 고민하는 것이 즐겁다. 지금도 여전히 인생이 던지는 수수께끼에 마음이 혹하고 설렌다. 해답 없는 질문, 수수께끼들에 대해 고민하는 것을 즐기노라면 평화로운 기분마저 느낀다.

그런 중대한 질문들 가운데 하나는 '나는 누구일까?'이다. 이 물음에 대해서는 '측정할 수 있는 특징을 가진 육체'라고 대답할 수 있다. 그렇다. 나는 이름과 재능, 재주를 가지고 있다. 하지만 나의 일부가 분명한, 무형의 존재도 더불어 가지고 있다. 그것은 눈에 띄는 경계나 형태가 없다. 그런 비물질적인 면에 붙여진 이름들 중 하나가 마음이다. 여기에는 물질적인 육체에 스며든, 눈에 보이지 않는 생각들이 무한히 배열되어 있다.

'나는 누구일까?'라는 물음에 대한 내 개인적인 답은 '하느님, 정령, 근원, 도(道), 신 등 많은 이름으로 알려진 만물을 창조한 근원의 한 조각'이다. 그것을 보거나 만질 수는 없지만 나 자신이 그것의 일부임을 느낀다. 왜냐하면 나는 분명히 나를 생겨나게 한 근원과 닮아 있을 것이고, 그런 나의 근원은 눈에 보이지 않는 무형의 존재이기 때문이다. 따라서 나는 모든 것의 근원인 비가시적인 정신임과 동시에 무형으로 돌아갈 운명을 지닌 유형의 존재다.

내가 고민하는 또 다른 중대한 질문은 이런 것들이다. '육체가 죽은 뒤에는 무슨 일이 일어날까?' '내 삶의 목적은 무엇인가?' '영원은 어떤 상태일까?' '신은 누구이며 어떤 존재일까?' 나는 이런 문제들에 대한 답을 아는 척할 생각이 없다. 노자, 소크라테스, 부처, 루소, 데카르트, 아인슈타인, 스피노자, 성 프랜시스, 루미, 파탄잘리, 괴테, 쇼, 휘트먼, 테니슨 같은 (이외에도 수없이 많은) 위대한 지성들조차 명확한 해답을 내놓지 못했다면 나 같은 사람이 책 한 권으로, 심지어는 일생을 노력해도 그 어려운 수수께끼들을 해결할 수는 없을 것이기 때문이다.

나로서는 그저 공부와 생활을 통해, 그리고 우리 존재의 근원이자 만물의 근원이라고 믿는 어떤 것과 의식적으로 접촉하려는 열정적인 노력을 통해 깨달은 사실을 내 나름대로 해석할 수 있을 뿐이다.

기억을 더듬어보건대, 지금까지 아주 오랫동안 나의 호기심을 자극하고 나를 미궁에 빠뜨린 질문은 본 장의 제목인 '어디에서'였다. '나는 어디에서 왔을까?'가 '나는 누구인가?' '내 인생의 목적은 무엇인가?' '죽은 뒤에는 무슨 일이 일어날까?' '하느님은 누구이며 어떤 존재일까?' 같은 질문들에 우선했다. 나에게 정말 중대한 질문은 항상 그것이었다.

나는 어디에서 왔을까?

내가 1940년에 지구라는 행성에 도착하기 전에 일어난 사건들과 살았던 사람들을 생각하다보면, 무엇이 그 순간에 내가 태어나도록 결정했는지 무척 궁금해진다. 1939년에 어머니의 뱃속에 잉태되기 전의 나는 어디에 있었을까? 십자군전쟁이 한창이

던 12세기와 13세기에는 뭘 하고 있었을까? 피라미드가 건설된 기원전 2500년에 나는 어디에 있었을까? 인류가 출현하기 수백만 년 전 공룡들이 이 땅을 어슬렁거릴 때는 어디서 무엇을 하며 지냈을까? 이런 의문들에 빠져 있던 중에 사물이 어떻게 형태를 갖게 되었는지 설명하는 과학에 관심을 갖고 공부하게 되었다. 과학 전문가는 아니지만 많은 공부를 통해 새로 알게 된 사실은 이렇다.

가장 작은 아원자입자(subatomic particle) 상태에서는 입자가 입자로부터 발생하지 않는다. 내가 알기로 이는 양자물리학(물질을 구성하는 입자의 관계를 다루는 양자역학을 연구하는 물리학의 한 분야_옮긴이)에서 난공불락의 진리다. 다시 말해, 물질은 무형의 것에서 생겨난다. 과학자들은 물질을 형성하는 무형의 것을 '에너지'라고 부른다. 이 비물질적인 에너지가 오늘의 내가 된 입자를 만들었다. 나는 이를 에너지에서 형태로의 전환이라고 믿는다. 독자들은 이 책을 읽는 동안 현재 자신의 모습으로 그 자리에 있기 위해 어떤 전환을 거쳤는지 깊이 생각해보게 될 것이다.

나는 인간으로서 나의 첫 입자였던 아주 작은 인간 원형질 알갱이가 '미래를 견인하는 힘(future-pull)'이 하나였나고 생각한다.

그것이 태아로, 신생아로, 유아로, 어린이로, 사춘기 소년으로, 청년과 장년에 이어 중년 남자로, 그리고 70년 가까이 살아온 노인으로 전환된 셈이다. 이 모든 전환은 현미경으로 볼 수 있는 입자로 물질화한 뒤에 비로소 내가 된, 태초의 에너지 속에 내재해 있었다.

그처럼 신비한 발달 과정이 어떻게 물리적인 존재인 나의 육체 안에서 일어날 수 있는지 헤아리는 것은 내 능력 밖의 일이다. 단지 관찰할 수는 있을지 몰라도 그런 과정에 조금이라도 기여할 수는 없다. 진정으로 아무것도 하지 않고 있는 것이다. 아니 아무것도 하지 않는 동시에 안 하는 일이 없는 것 같은, 만물을 창조하는 에너지 덕에 살고 있는 나 자신을 그저 지켜본다는 것이 더 맞는 말인 듯하다. 그렇다면 입자로서 최초의 나였던 그 작은 현미경 상의 점은 어디서 온 것일까?

다시 말하지만, 양자물리학에서는 입자가 입자에서 발생하지 않는다는 것을 강조한다. 최초의 입자를 아원자입자 상태로 쪼개면 염색체, 원자, 원자 속의 전자 그리고 심지어 쿼크(quark)라는 원자 속의 속, 그 속의 속에 있는 입자보다 더 작아진다. 과학자들은 시속 40만 킬로미터의 입자가속기에 내가 생겨났을 때의

크기인 쿼크 한 개를 넣고 또 다른 쿼크와 충돌시켰다.

결과는 어떻게 되었을까? 거기에는 아무것도 없었다. 어떤 것으로 전환하는 순간에는 아무것도 존재하지 않는 것이다. 내가 즐겨 쓰는 말로 달리 표현하면 '어디에도 없다가 지금 여기에 있는(from nowhere to now here)' 셈이다. 따라서 태초의 세계에 존재하는 모든 것은 형태와 입자가 없는 순수한 에너지다.

이처럼 현대 물리학은 모든 것이 신에서 나왔고 그 모든 것이 '선(善)'이라는 창세기의 형이상학을 확인시킨다. 마찬가지로 《도덕경》도 모든 존재가 '무(無)'에서 발생한다고 말한다. 따라서 물리학과 형이상학은 우리가 어디서 왔는가의 문제에 대해 비슷한 해답을 제시한다. 둘 다 우리가 아무런 형태도, 경계도, 시작도, 실체도 없는 것에서 비롯되었다는 결론을 내린다.

우리는 모두 근본적으로 일시적인 육신을 지닌 영적인 존재다. 이것이 우리의 본질, 우리의 근원이다.

우리는 우리의 근원과 같다

영화 〈시프트〉에는 등장인물 몇 명이 짤막한 대화를 나누는 장

면이 나온다. 그 주제는 '인간을 포함해서 물질세계의 모든 것은 그 근원과 같다'라는 핵심적인 개념이다. 거기서 '나'는 접시에 놓인 애플파이 한 조각을 가리키며 묻는다.

"저 파이 한 조각은 무엇과 같을까요?"

정답은 애플파이다. 애플파이 한 조각은 그것이 처음에 속했던 애플파이와 같을 것이기 때문이다. 건강검진을 위해 채취하는 혈액을 떠올리면 이 개념을 쉽게 이해할 수 있다. 작은 주사기 속에 담긴 혈액은 피검진자의 몸속에 있는 혈액 전체에 관한 정보를 의사에게 제공한다. 왜 그럴까? 혈액 샘플은 곧 그 사람의 몸속에 있던 혈액이기 때문이다.

이 논리를 나와 독자들에게도 적용해보자. 나는 내 부모로부터 오지 않았으므로 내가 그들과 같아야 한다고 말하는 것은 논리적인 결론이 아니다. 나는 나의 문화, 나의 종교, 혹은 이 세상의 그 무엇에서도 오지 않았으므로 반드시 내가 주변 환경이나 사회와 같아야만 하는 건 아니다.

하지만 나는 신, 도, 혹은 성스러운 정신으로 불리는 비가시적인 에너지의 근원에서 왔으므로 분명 그것과 같다. 그러므로 나의 시작과 관련해서, 나는 '정신'에서 비롯했으며, 나의 진정한 본질은 내가 처음 속해 있던 것과 같다는 결론을 얻었다. 나는 신의 성스러운 한 조각이다. 내 존재의 근원과 단단하게 연결된 영원한 정신적인 존재인 것이다.

영국 시인 로버트 번스는 1791년에 쓴 '새해 첫 날'이라는 시에서 그런 개념을 시적으로 표현했다.

자연의 목소리가 큰 소리로 외치고,
하늘에서 수많은 암시를 보낸다.
우리 안에 있는 것은 결코 죽지 않는다고.[2]

무형의 것은 파괴할 수 없다. 모든 존재의 무형적인 부분은 시작이나 끝에 영향을 받지 않고 영원히 존재한다. 따라서 우리의 본질은 영원하며, 생사의 주기에 따라 왔다가 가는 것은 물리적인 육체뿐이다. 이것이 진리인 것 같다. 우리가 삶과 죽음이라고 부르는 것은 동전의 양면 또는 낮과 밤처럼 떼어낼 수 없다. '나는 어디서 왔을까?'는 결국 물리적인 나에게만 해당하는 질문이다. 하지만 그런 물리적인 부분은 '무(無)'에서 발생했다.

우리는 대도(大道) 혹은 신과 완전히 일치하며, 선택을 할 수 있는 자유를 갖고 있다. 그러나 우리와 근원 간의 유대를 오염시키고 녹슬게 하는 선택을 하기도 한다. 그런 불미스런 선택 중 하나는 우리의 물리적인 모습을 통한 신의 표현을 종착점이나 결말이라고 믿는 것이다. 신의 선물을 표현하기 위한 방법을 선택할 기회로 보지 않는 것이다. 우리는 그렇게 신을 몰아내고 자아에게 이끌려 다니는 삶을 창조한다.

이런 철학적인 여행의 위대한 교훈은 우리의 근본적인 정체성이 생과 사에 전혀 얽매이지 않는 영속적이며 영적인 존재라는 점을 인정하는 것이다.

우리의 신체는 영적인 본질이라는 에너지가 형태로 표현된 것이다. 또한 진정한 우리 자신은 감각 경험을 다정하게 지켜보는 관찰자이다. 그런 본질적인 부분과 완벽한 조화를 이루려면 그것의 에너지를 표현하고, 자신이 내리는 신성한 선택을 완전히 인식하려고 노력해야 한다. 이를 어떤 사람은 육신 안에 잠시 머무는 동안 신을 더욱 닮아간다는 의미로, 또 다른 사람은 아름다움, 목적, 지혜처럼 신을 닮은 표현들을 형태로 창조한다는 의미로 받아들일 것이다.

육신의 형태로 이루어지는 인간의 여행은 진정한 자신이 지닌 영원성 속의 괄호다. 괄호가 닫히면 육체는 사라지고 정신 안에 온전히 파묻힌다. 우리는 지금 왕복여행을 하고 있다. 노자는 《도덕경》 40장의 유명한 구절에서 '되돌아가는 것은 도의 움직임이다'라고 말한다. 영화 〈시프트〉에는 T. S. 엘리엇의 시 '리틀 기딩(Little Gidding)'의 한 구절이 인용되었다.

> 우리는 탐험을 멈추지 않으리.
> 그리고 모든 탐험이 끝나는 날
> 다시 출발한 장소에 도착하여
> 처음으로 그 곳을 알게 되리.3)

그러나 우리는 육신을 벗어던지고 그런 귀환을 완료하기 전이라도 자신의 본성을 이해할 수 있다. 자기 존재의 근원이라고 상상하는 것을 더 닮으려는 노력을 통해서다.

이를 개념화하는 한 가지 방법은, 창조의 근원에 관한 분명한 그림을 제공하는 접안렌즈를 통해 본다는 상상을 하는 것이다. 우리는 그런 렌즈를 통해서 창조의 근원이 어떻게 생각하고 느끼며 행동하는지 알 수 있다. 우리의 근원에 대한 이런 관찰은 진정한 자신을 더욱 분명하게 확인할 수 있게 해준다.

'나는 어디에서 왔을까?'에 대한 해답을 알면 다른 무엇보다도 우리의 본성과 동일한 시각으로 살아가려고 노력하게 된다. 우리는 태초의 우리 본성인 영적인 성격과 더 비슷해져야 한다. 우리의 육체가 신성한 의식의 표현이라는 점을 인정한다면 그것을 어떻게 표현할지는 우리의 선택에 달렸다.

신성은 어떤 모습일까?

우리가 영적인 본질에서 왔음에도 불구하고 우리가 사는 물질세계는 그다지 영적으로 보이지 않을 때가 많다. 헨리 워즈워스 롱펠로는 '인생 찬가(A Psalm of Life)'라는 시에서 그런 모순에 대해 이야기한다.

인생은 진짜다! 인생은 진실하다!
무덤은 인생의 목표가 아니다.
너는 흙이니 흙으로 돌아가라는 것은
영혼을 두고 한 말이 아니다.[4]

시인은 말한다. 우리의 인생은 육신을 뛰어넘는 어떤 것이라고. 우리는 우리가 자신의 감각으로 정의하는 것과는 다른 존재다. 지극히 중요한 인간의 본질, 즉 정신에는 무덤 같은 것은 없지만 그것을 소홀히 여기다 보면 결국은 그것에서 멀어질 수 있다. 실제로 인생의 여러 시기에 본성이 아닌 신체적인 자신에게 책임을 지우기로 결정하는 것은 우리가 저지르는 아주 흔한 실수다.

내가 좋아하는 또 한 명의 시인인 라빈드라나트 타고르는 두 개의 시행에서 이런 표현을 썼다. 그는 이를 가장 중요한 영적인 교훈이라고 생각했다.

신은 내 안에서 자신의 시종이 아니라
모든 사람을 섬기는 자기 자신을 바라보기를 좋아한다.[5]

우리가 자신에게 던져야 하는 중요한 질문은 이런 것들이다. '지금 나는 신과 같은가?' '나는 신과 점점 더 가까워지고 있는가?' '아직 신에게 닿아 있지 않은가?'

우리의 진정한 본질이 신성(神性)이고 우리가 그것에서 왔다고 믿는다면, 신과 우리 자신이 다시 연결되는 것은 간단해 보인다. 신성과 다시 만나려면 창조 에너지가 형태로 물질화될 때 어떻게 생각하고 행동했을지 상상해보고, 자신의 생각과 행동을 그대로 전환해야 한다. 우리가 상상하는 신성의 모습과 더욱 같아져야 한다. 왜냐하면 지난 세월 동안 아무리 홀대를 받았어도 신성은 우리의 고향이며, 우리의 신성이 곧 우리의 운명이기 때문이다.

신이나 대도는 그로부터 떨어져 나온 우리 모두가 오로지 자신을 닮아가기를 참을성 있게 기다린다. 나는 만물을 창조하는 신성이 인간에게 진정으로 원하는 것이 있다면, 바로 그런 사실을 깨닫는 것이라고 생각한다.

《고요한 마음: 화이트 이글*이 전하는 말(The Quiet Mind: Sayings of White Eagle)》에 그런 사실을 강조하는 예가 있다.

인간의 진화를 위한 원대한 계획에 당신이 개인적으로 기여하는 방법은 늘 신의 사랑을 되새기는 것이다. 항상 빛을 응시하면서 다른 모든 이들을 통해 일하는 신의 선의를 깨닫는 훈련을 하라.

신은 우리가 자신을 숭배하기 위해 웅장한 건물을 세우거나,

예배에 참석하거나, 종교 단체가 정한 규칙을 실천하면서 우리의 사랑을 보여주는 데는 관심이 없다. 만약 신이 우리에게 말을 한다면, 모든 생명을 증오하지 말고 서로 사랑하며 존중하라는 단순한 내용이 아닐까 한다.

육신을 가진 이 순간까지 우리를 이끈 여행은 내가 '근원'이라고 부르는 것에서 시작했다. 우리는 어떤 것, 어떤 곳, 어떤 방식에서 기인한다. 그것은 원인과 결과의 방식으로만 생각하는 좁은 마음의 인간에게는 미스터리다.

나는, 우리가 지금 여기에 있다면 이전이 있었고 이후도 분명 있을 것이라는 결론을 내렸다. 그러나 아무런 과거나 미래, 시간대도 없을 가능성을 인정한다. 모든 것이 완벽해서 시간, 공간, 이전, 이후도 없이 한꺼번에 발생하는지도 모른다.

하지만 그런 시각에서 글을 쓸 수는 없는 노릇이다. 편협한 나의 마음은 조금이라도 논리적이고 이해 가능한 쪽으로 생각하기를 원하기 때문이다. 그래서 나는 신성의 모습을 두 종류의 여행으로 설명하려고 한다. 첫 번째는 '무형의 순수한 신성에서 유형으로의 여행'이며, 두 번째는 '아원자입자에서 탄생으로의 여행'이다.

1. 무형의 순수한 신성에서 유형으로 (무無에서 유有로)

우리가 출발한 장소인 '무(無)'에 관한 글을 쓰자면 무형의 영적인 세계가 어떤 곳인지 상상으로라도 그려보는 수밖에 없다. 때문에 나는 무에서 형태를 만드는 일을 하는 신성한 의식을 상상한다. 창조자 없는 창조를 상상하는 것은 시계공 없는 시계를 상상하는 것과 같다. 매일 창조를 관찰하다보면 자연스럽게 꽃은 씨앗에서, 열매는 꽃에서, 거대한 참나무는 작은 도토리에서 나온다는 생각이 든다.

나는 소심하고 이해력이 부족한 사람이지만 순수한 신성의 세계에 대한 호기심으로 늘 이전과 이후, 혹은 '어디서 와서 어디로 가는가?'에 대해 이리저리 궁리한다.

무는 생각하기에 매우 벅찬 모순적인 상태다. 나는 그것이 확실히 존재한다는 것을 가슴으로 느낀다. 그러나 그것을 따져볼 도구로는 나라는 존재밖에 없다. 앞에서도 내 존재의 '근원'을 이해하는 데 있어 한계를 느낀다는 이야기를 했다. 그런 점을 전제하고 내가 생각하는 '근원'은 어떤 모습인지 독자들에게 알려주려고 한다.

나는 모든 것이 에너지라는 결론을 내린다. 그것은 다양한 주파수를 가진 진동일 뿐이다. 진동이 빠를수록 신성에, 우리의 기원에 대한 이해에 더 접근한다. 내가 이 글을 쓰면서 손에 쥔 펜은 단단한 것 같지만 고성능 현미경으로 보면 실제로는 움직이는 입자들의 영역이며, 그 입자들 사이는 거의 빈 공간이라는 사실을 확인할 수 있다. 내 펜의 진동 구조는 아주 느린 에너지로, 특정 주파수의 물체만 인식할 수 있는 내 눈에는 고체로 보인다.

지금 내 귀에는 찌르레기 울음소리가 들린다. 내가 아무리 물리학에 문외한이어도 그 소리가 나의 고체 펜보다 더 빠른 에너지라는 것쯤은 안다. 창문을 통과해 들어오는 햇볕은 훨씬 더 빠른 에너지로 작은 입자들이 초스피드로 움직이고 있다. 내 눈의 시세포들이 어떤 에너지 신호를 받아들이기 위해 어떻게 조절되느냐에 따라 초록, 파랑, 노랑으로 보이는 것이다. 그리고 그런 빛의 주파수보다 더 높은 곳에 생각의 진동 에너지가 있다.

그렇다. 생각도 에너지의 체계다. 신체운동학에서는 간단한 방법으로 가장 빠른 생각의 주파수를 측정한다. 그리고 진동이 빠를수록 에너지 진동의 궁극, 곧 신성의 차원에 근접한다는 것을 보여준다. 가장 빠르게 진동하는 생각이 도나 신성의 근원적인 에너지와 일치한다는 것이다. 신체운동학에서 빠르게 진동하는 생각은 힘을 생성하지만 느리게 진동하는 생각은 약한 반응을 이끌어낸다.

그것의 작동 방식은 이렇다. 우리가 신과 같은 수준의 생각에 정신 에너지를 집중하면서 한 팔을 어깨 높이로 들어 올려 힘을 측정하면 다른 사람이 그 팔을 내리기 어렵다. 그러나 느린 진동의 생각에 정신 에너지를 집중할 때는 다른 사람이 팔을 쉽게 내릴 수 있다.

신체 운동학에서는 모든 부정적인 감정이 물리적인 육체를 약하게 만든다고 한다. 이 연구는 무의 세계를 설명하는 좋은 예이며, 근원적인 에너지의 진동과 일치하는 주파수를 찾을 실마리이기도 하다.

만물이 생겨나고 되돌아가는 영역은 독특한 분위기를 가지고 있다. 지구상에 살았던 가장 존경받는 인물들 중 몇 명에 관한 연구와 고찰에 따르면, 창조 자체는 폭력의 행위가 아니라 유쾌하고 즐거운 행위이다. 아무것도 하지 않는 동시에 모든 것을 하는 대도는 두려움, 수치, 비난, 분노, 초라함, 걱정, 증오를 일절 갖고 있지 않다.

낮이나 밤이나 우리와 더불어 사는 우리의 육신은 인간에 의해 창조되지 않았다. 그것은 신의 창조물이다. 따라서 나는 신의 창조물인 우리가 부정적인 생각만 한다면 몸도 약해질 수밖에 없다고 생각한다. 거짓말 하나가 힘센 사람의 팔을 약하게 만든다. 그러나 진실을 말하면 신체는 늘 강력하게 반응한다. 진실이 곧 신인 까닭이다.

창조자가 진실하지 않은 시각으로 창조를 할 수 있을까? 신체운동학 분야의 활발한 연구를 근거로 한 수많은 문헌에 우리의 근원인 '무'가 진실을 표현할 때 나오는 파장이 가장 강력한 에너지의 파장과 일치한다는 내용이 등장한다.

가장 빠르게 진동하여 우리를 강하게 만드는 파장은 바로 사랑의 에너지다. 나는 '무'와 '사랑'은 비슷한 말이라는 결론을 내렸다. 신비주의를 비롯한 모든 종교가 최고의 존재는 사랑이요 단 하나의 순수 진리도 사랑이라고 말한다.

그런데 어떤 종교는 인간의 형상과 비슷한 신의 형상을 만들어냄으로써 절대적인 존재를 하찮은 존재로 끌어내린다. 그들의 신은 끝없이 트집을 잡고 규칙을 강요하는 신이다. 툭하면 짜증을 내고 항상 인간에게 죄를 묻고 분노, 복수, 징벌을 강조한다.

내가 '무'의 진형직인 모습이라고 말하는 '사랑'은 우리가 생겨난 곳에서부터 우리 안에 뿌리를 내리고 정착했다. 그것은 아무런 규칙도 갖고 있지 않고 통제하려는 의지가 없고 결코 징벌하지 않으며 사랑과 반대의 의미로 추락하지 않는다.

내가 보기에 전 우주는 사랑으로 이루어져 있다. 그리고 우리는 각자 사랑이라는 단일한 존재의 개별적인 표현일 것이라고 생각한다. 요컨대 '신은 곧 사랑'인 것이다. 나는 사랑과 신이 동의어라는 랠프 월도 에머슨의 묘사를 좋아한다. 순수의 상태, 형언할 수 없는 축복, 창조의 행위가 일어나기 위해 필요한 것으로서의 '무'의 개념은 얼마나 아름다운지 모른다.

한번 생각해보자. 우리는 사랑에서 왔으므로 어떻든 사랑임에 틀림없다. 우리는 우리가 처음 속했던 것과 같은 것이기 때문이다. 예수는 이렇게 말했다.

사랑하지 않는 자는 하느님을 알지 못한다. 하느님은 사랑이기 때문이다. _요한 1서 4장 8절

아주 기초적이고 단순한 말이다. 무는 사랑이다. 우리는 무에서 왔으므로 우리는 분명 사랑이다.

그러나 우리는 어떻게든 자신의 본성에서 멀어지려고 안간힘을 쓴다. 사랑이 없는 모든 생각들은 우리를 우리가 온 곳으로부터 멀어지게 한다. 판단, 분노, 수치, 공포, 불안, 폭력이 개입하는 모든 행위는 사랑이 없고 신을 모르는 쪽으로 돌려세운다. 심지어 사랑에 반하는 생각조차도 우리를 본성에서 멀어지게 하는 행위다.

그렇다면 우리가 순수한 사랑의 상태에서 존재로 바뀌는 순간을 기다리는 과정은 과연 어땠을까? 우리는 무엇을 하고 있었을까? 일단 형태를 얻고 나면 이런 의문들에 대해 따져보는 것이 거의 불가능해진다. 하지만 나는 우리가 형태와 경계의 세계로 여행하기 전에 속했던 '무'의 느낌을 다음과 같이 개념화해 보았다.

• 무(無)

우리가 분명히 동의하는 한 가지는 본디 우리가 아무것도 소유하지 않았다는 것이다. 그곳에는 소유할 것, 할 일, 싸울 일, 걱정할 일이 전혀 없었다. 우리는 물리적으로 아무것도 아니었다.

무의 개념을 이해하기란 무척 어렵다. 우리는 어떤 것이 무를 대신하고 유형이 무형을 대신하는 세계로 들어왔다. 물질세계에서는 아무것도 소유하지 않고 아무것도 하지 않는 것이 대개 실패의 신호로 해석된다. 그러나 우리의 진정한 본질은 무일 때 가장 편안하다.

우리가 어디서 왔는지를 알고 경험하기 위한 가장 효과적인 방법은 집착, 소유, 사유가 없는 상태를 경험하여 무와 다시금 연결되려고 노력하는 것이다. 무엇을 하려거나 축적하지 않고 그냥 존재하면 그렇게 할 수 있다.

《백경》을 쓴 허먼 멜빌은 이런 말을 했다.

하느님의 유일한 목소리는 침묵이다.

이는 우리의 고향인 무의 세계를 경험하라고 권유하는 말이다. 모든 창조물은 모든 소리와 마찬가지로 침묵하는 허공에서 나타난다. 한 줄기 빛은 무에서 나오며, 모든 생각은 무사고에서 나온다. 음악을 만드는 악보 사이에 침묵이 있다는 것을 일깨우는 선불교의 속담이 있다. 음을 끊기 위한 공백이 없다면 음악이라고 할 수 없는, 길게 이어지는 하나의 음만 있을 것이다. 하지만 그 길고 긴 음도 실은 무에서 발생했다.

무는 수학의 '0'과 같다. 영은 나눌 수 없고 실질적인 가치가 전혀 없다. 그리고 영과 어떤 수를 곱하면 아무것도 없어진다. 하지만 그런 나눌 수 없는 영이 없다면 수학 자체가 불가능해진다. 우리가 물질세계로 오기 전 우리의 본질은 무였다. 우리는 짐스러운 것들을 전혀 가지고 있지 않았다. 규칙도, 의무도, 돈도, 부모도, 굶주림도, 두려움도…… 아무것도 없었다.

나는 《생각을 바꾸고 인생을 바꿔라(Change Your Thoughts-Change Your Life)》라는 책에 《도덕경》의 81편에 관한 생각을 적는 동안 대도(신)를 알라는 노자의 강력한 주장에 충격을 받았다. 그러려면 모든 것을 포기하고, 모든 집착을 놓고, 덜 행하고, 소유하지 말고, 마음을 채우지 말고 비워야 한다. 거의 모든 위대한 영적인 스승들은 무에서 신을 찾고 침묵 속에서 신이 우리에게 말을 거는 소리를 들으라고 가르친다. 따라서 '우리가 어디에서 왔는가' 하는 물음에 대한 답은 아무것도 없는, 그 무엇도 아닌 곳이다.

우리는 육신에 머무는 동안 그런 평화로운 무로 가는 길을 찾기 위해 노력해야 한다. 호주머니나 지갑을 비우는 방법도 있다. 그러나 무엇보다도 '마음'을 비우고 물질세계에서 사는 기쁨을 누리는 동시에 무의 축복을 경험해야 하다. 그것은 우리의 근원이자 궁극적인 운명이다.

상대성이론으로 유명한 앨버트 아인슈타인은 모든 것이 무이며, 형태는 무가 응축되어 만들어진 것이라고 말했다. 나의 스승 니사르가다타 마하라지도 이렇게 말했다.

당신이 무(無)임을 아는 것. 그것이 진정한 자유다. 자기 자신을 포함한 당신의 모든 지식을 털어버려라. 그러면 자유로워진다.[6]

• 일체성

일체성은 무의 상태와 매우 가깝다. 그렇다면 우리가 영혼의 중심에서 어떻게 아무것도 아닌 동시에 일체성이라고 불리는 것과 연결될 수 있을까?

우리가 사는 물질적인 우주 안에 있는 모든 것은 어떤 식으로든 다른 모든 것들과 연결되어 있다. 그 모든 것들이 텅 빈 무에서 발생했기 때문이다. 이런 비어 있는 상태는 여러 개가 아니어서 선택을 할 수 없다. 우리는 모든 사람과 사물이 발생한 곳과 똑같은 무에서 발생했다. 파도 하나가 바다와 분리된 자신을 볼 수 없음에도 우리 중 어느 누구도 무한한 존재와 자신의 일체성을 인정하지 않는다.

  일체성은 좀처럼 이해하기 어려운 개념이다. 우리가 '타자'로 보이는 것들의 세계에 지나치게 빠져 있기 때문이다. 《도덕경》 첫 편에는 이름으로 불릴 수 있는 도는 영원한 도가 아니라는 내용이 나온다. 다시 말하면, 도는 도라고 불리는 순간 종적을 감춘다. 왜냐하면 우리가 이분법을 만들어냈기 때문이다. 일체성은 오직 하나를 의미한다. 앞서 말했듯이 수학의 '0'처럼 나누거나 떼어낼 수 없다. 우리가 그것에 이름을 붙이거나 그것을 부르자마자 그것은 다른 것으로 분리되고 결국은 일체성을 가진 통일체가 되지 못한다.

  노자는 우리가 도를 말하는 순간 그것은 사라진다고 말한다. 일체성은 이름이 없으며 오직 하나만 있을 뿐이다. 이 때문에 일체성에 대해 쓰는 것이 불가능하다. 내가 그것을 묘사하기 위해 사용하는 모든 단어들은 내가 그것을 이해하지 못한다는 사실을 증명할 뿐이다.

  우리가 있던 곳은 대립하는 한 쌍에 의존하는 물질세계와 달리 이분법이 존재하지 않는다. 물질세계에서는 올라간다는 개념 없이는 내려간다는 개념이 있을 수 없다. 죽음이라는 개념이 없으면 삶이라는 개념도 없다. 자석의 북극이 없으면 남극도 존재하지 않는다. 남성이 없으면 여성도 없다. 옳은 것이 없으면 그른 것도 없다.

우리는 이분법으로 생각하고, 대립적인 것을 바탕으로 자기 자신에 대한 정의를 내린다. 싫어하는 것을 경험하기 때문에 자신이 무엇을 좋아하는지, 무엇을 잘 먹는지, 어떤 것으로 인해 기분이 좋아지는지를 안다. 그래서 물질세계에 사는 사람들은 일체성, 곧 고대의 스승 헤르메스가 다음과 같이 묘사한 세계에 접근하는 것이 어렵다.

> 신은 하나다. 그리고 하나뿐인 신은 이름이 없다. 홀로 존재하므로 이름이 필요 없다. …… 모든 것은 하나에서 시작했다.[7]

일체성의 개념은 좀처럼 이해하기 어렵다. 우리가 대립하는 것들의 세계에 살고 있고 대립은 한 개 이상의 요소를 요구하기 때문이다. 그래서 우리는 끈질기게도 둘로 나뉜 세상에서 존재하고 있다.

그렇다면 어떻게 해야 우리가 존재로 바뀌기 전 무의 세계에 있던 일체성의 개념을 이해할 수 있을까? 한 가지 방법은 우리의 손가락, 다리, 팔, 발가락, 눈을 생각해 보는 것이다. 우리는 그것들을 우리의 신체와 다른 요소라고 생각하지 않는다. 손가락을 우리 자신과 다른 존재로 여기지 않는다. 물론 그것들은 저마다 독특한 특성과 특징을 갖고 있지만 우리가 우리 자신으로 표현하는 개체의 일부다. 우리가 이 세계로 오기 전에 근원이나 신과 맺었던 관계도 마찬가지다. 내가 우리의 '고향'이라고 부르는 그 세계에서 우리와 신은 하나였다.

우리가 존재하다가 온 곳이라는 개념의 일체성은 어떤 것 혹은 어떤 사람과 분리된다는 생각을 완전히 배제한다. 우리는 이름도 사물도 전혀 없던 침묵의 상태를 아는 자기 자신의 일부를 통해 일체성을 체험할 수 있다. 그런 체험의 순간에 비로소 모든 인간, 지구, 우주, 그리고 궁극적으로 대도와 우리가 연결되어 있다는 기분을 느끼기 시작한다. 행하지 않으면서 행하고, 우주 전체의 질서를 유지하고, 무에서 유를 창조하는 위대한 힘 속에 있을 때 일체성에 접근하게 된다.

모든 이름, 모든 분리, 세상에 대한 모든 판단, 그리고 더불어 사는 모든 생명체에게서 벗어나 있다고 상상하면 일체성을 이해할 수 있다. 우리가 들어가고자 하는 장소는 단순한 '존재'의 영역이다. 하늘처럼 우리가 근접할 수 있는 에너지인 존재의 근원을 상상해보라. 그곳에서는 모든 사람과 사물이 곧 신성이므로 그 누구, 그 무엇을 향해서도 분노하지 않는다.

신성은 신이며 우리 존재의 근원이다. 따라서 우리가 신이며, 신이 바로 우리다. 우리는 우리가 온 곳의 침묵 속에서 휴식을 할 수 있다. 그리고 죽음이라는 과정을 거쳐 육신을 떠나기 전 물리적인 형상 속에 머무는 동안에도 일체성과 무로 회귀함으로써 삶의 의미를 발견할 수 있다. 우리의 본성을 더 가까이에서 경험할수록 우리 안에는 더 많은 평화와 의미가 흐른다.

2. 아원자입자에서 탄생으로 (최초의 존재에서 탄생으로)

우리는 논리적이고 영적인 관점으로 우리의 비존재가 어떤 모습일지 생각해 보았다. 하지만 대부분 눈에 보이지 않는 신성의 세계에 대한 나만의 해석이라는 점을 기억하기 바란다. 그곳은 우리가 생겨난 장소일 뿐만 아니라 신체적인 자신이 신의 의식에 의해 움직이지 않는 날 돌아갈 장소이기도 하다.

신비한 마법처럼 우리는 10억분의 1초 만에 비존재에서 존재로 전환한다. 인간 원형질의 아원자입자는 신에게서 생겨났으며, 우리가 인생이라고 부르는 여행에 필요한 모든 것들이 준비되었다. 미래를 견인하는 눈에 보이지 않는 힘이 저마다 다른 인간의 신체 속에 가득 장전되었다. 마지막에 결정되는 키, 신체의 모양, 눈과 피부와 머리색, 언젠가 나타날 주름, 그리고 어느 순간 멈출 신체의 대사 등 모든 것들이 우리가 손댈 필요도 없이 정해졌다.

영화 〈시프트〉에서 나는 이런 설명을 한다. 육신의 여행에 필요한 모든 것들이 이름 없는 무에 의해 준비된다면, 주어진 운명을 실현하기 위해 필요한 모든 것들 역시 무가 존재로 전환하는 순간에 발생한다고 추측할 수 있다는 것이다. 우리의 달마(達磨: 우리가 이곳에 존재하는 본질적인 목적), 인격, 그리고 우리가 인생을 살아가는 데 필요한 모든 도움도 그런 현미경으로만 볼 수 있는 점 안에 들어 있는 셈이다. 우리의 육신이 대도나 신이 계획한 여행을 하고 있다면 우리와 관련된 다른 모든 것들도 그렇지 않을까?

아홉 달에 걸친 그런 여행의 가장 큰 특징은 '복종'이다. 우리가 할 일은 하나도 없었다. 무한한 지혜를 가진 우리 존재의 근원이 그 모든 것들을 하도록 예정되었다. 우리와 우리를 '낳은' 어머니는 대도로 하여금 제 할 일을 하도록 허락했다. 우리는 아무것도 하지 않았으며, 단지 어떤 행위에 몸을 내맡겼을 뿐이다. 아홉 달 동안 이어지는 여행에서 우리는 도에 의지했다. 우리가 온 곳과 돌아갈 곳을 이해한다는 것은 완전한 항복의 느낌을 경험하는 것과 다를 게 없다. 다시 말해, 모든 것을 하는 힘으로 하여금 아무런 방해도 받지 않고 제 할 일을 하도록 허락하는 것이다.

우리와 우리의 어머니는 우리가 현미경에만 보이는 점으로, 그 다음에는 태아로 보내는 인생의 첫 아홉 달 동안 무간섭을 실천한다. 우리는 고유의 지혜로 성장하고 살아가기 위해 필요한 모든 것들이 보이지 않는 힘에 의해 준비되고 있음을 알았다.

그것은 아무 일도 하지 않는 것처럼 보이지만 실은 이루지 않는 일이 없는 힘이었다. 우리는 손톱이 언제 나는지, 그 손톱이 손가락 끝이 아니라 귓등에서 올라오는 건 아닌지 걱정할 필요가 없었다. 우리의 심장은 적당한 속도로 뛰기 시작했으며 굳이 그것을 움직이려고 조정하지 않아도 괜찮았다. 우리는 무로 머물며 복종하고 허락하는 동안 완벽한 형상으로 만들어지고 있었다. 무엇을 할지, 언제 할지 정확하게 알고 있었던 것은 우리의 존재를 가능하게 한 에너지였다. 그것이 바로 진정한 우리 자신이다.

우리는 잉태되는 순간부터 눈에는 보이지 않지만 한없는 지혜의 품에 꼭 안겨 있었다. 진정한 자신으로 하여금 무와 존재 속에 내재한 완벽한 계획에 따라 전개되도록 신의 축복을 받았다. 만약 우리가 그런 의식의 상태 속에 완전히 묻혀 있었다면 아직까지도 자신의 근원과 나란히 있었을 것이다. 그런 시나리오에서는 삶의 목적에 대해 궁금해 할 이유가 전혀 없다. 한때 우리 자신이었던 작은 점은 끌어 모으거나, 성취하거나, 야망을 갖는 것 따위에 대해서는 전혀 알지 못했다. 그것은 그냥 존재하기만 했으며, 만물을 감독하는 보이지 않는 힘에 복종하기만 했을 뿐이었다.

하지만 우리는 허용과 복종의 상태에 머무르는 대신 욕망을 중시하는 신념에 사로잡혔다. 허용, 복종, 존재하기에서 시작된 우리의 일부는 욕망을 가장 중요하게 여기는 곳에 형상을 갖고 도착한 것이다. 우리가 앞으로 우리 존재의 근원과 더불어 살아간다면 각성이나 신에 대한 깨달음의 최고봉에 이를 수 있다. 깨달음이 우리의 것이며, 그것은 처음부터 그런 목적을 갖고 있었다. 예수는 이렇게 말했다.

너희 중 아무리 미약한 자라도 내가 한 모든 일과 그보다 훨씬 더 많은 일을 할 수 있다. 너희 율법에 '내가 너희를 신이라고 불렀다'고 적혀 있지 않느냐? _요한 10장 34절

진정으로 우리의 고향은 신이며 따라서 우리는 곧 신이다.

우리 모두는 자신이 지휘하겠다고 고집하는 형상 안에서 욕심을 부린다. 그러나 선택권을 사용해서 의미로 전환한 뒤에 내가 말하는 '근원'의 장소로 완벽하게 돌아갈 가능성도 여전히 남아 있다. 욕심의 단계에 대해서는 다음 장에서 이야기할 것이다.

지금부터 우리의 '근원'을 세 가지 개념으로 요약하고 구체적인 체험 방법을 제안하겠다.

• 무(無)

침묵과 명상을 즐겨라. 체계적인 명상법을 모른다면 단순히 침묵을 접할 시간만이라도 가져라. 집안과 자동차 안의 소음을 꺼라. 인간이 만들어내는 소리에서 벗어나 자연 속에 있는 시간을 만들어라. 몸과 마음의 휴식을 통해 버리는 순간을 되풀이하고 내면으로 가는 여행을 성스러운 시간으로 여겨라. 걱정, 계획, 생각, 기억, 의문, 희망, 소망, 추억을 내려놓아라. 신체가 느끼

는 모든 감각을 의식적으로 잊어라. 단 한 순간에, 단 한 번에 그렇게 해라. 당신의 물건, 가족, 가정, 일, 신체가 존재하기를 멈추는 상태로 들어가라. 공(空)이라는 내면의 축복을 경험해라.

날마다 적어도 한 번 침묵하는 시간을 갖고, 쓰지 않는 물건을 버려라. 무집착의 과정을 시작해라. 무(無) 안에 있을 때 자기 존재의 근원과 훨씬 더 가까워진다는 진리를 깨달을 것이다.

• 일체성

모든 생명체 속에 존재하는 당신의 일부를 소중히 여기고 사랑함으로써 만나는 모든 사람들과 연결되어 있다는 생각을 가져라. 모든 자연과 연결되어 있다는 것을 느끼고 먼저 자기 자신을 비판하지 않고 사랑하는 연습을 해라. 불쾌하거나 화가 날 때 다른 사람이나 외적인 사건에 관심을 두지 마라. 단지 지금 어떤 기분이 드는지, 신체의 어느 부분이 그런 기분을 느끼는지 확인해라. 외적인 상황에 대한 관심을 버리고 그런 특별한 분노가 신체 안에서 어떻게 느껴지는지 관찰해라. 이것은 일체성을 경험하기 위한 첫걸음이다. 지금 느끼는 감정을 사랑하고 받아들이는 것을 마음의 지표로 삼아라. 당신 자신이 신과 하나이며 따라서 자신이 곧 사랑임을 기억해라. 당신이 할 일은 그뿐이다. 그러니 상처받고 불쾌하고 화가 난 자신의 일부를 사랑하는 일부터 시작해라.

부분을 하나로 조립하고 모든 자아를 통합하는 동안 당신의 존재가 지구상의 어느 누구와도 분리될 수 없음을 깨달을 것이다. 분노나 짜증이 일어나는 순간을 자신에 대해 더 잘 알며 자신을 용서하고 사랑할 기회로 여기는 태도를 갖는 것만으로도 일체성을 더 잘 이해하는 데 도움이 된다. 이처럼 일체성을 느끼는 훈련을 하면 사랑이 자연스럽게 몸 밖으로 흘러나와 과거에 당신이 비난했던 사람들을 감쌀 것이다.

• 복종

허용의 기술을 갈고 닦아라. 자신의 몸에서 일어나는 움직임들을 관찰해라. 희끗희끗해지거나 빠지는 머리카락, 처지는 피부처럼 당신의 생각과는 상관없이 작은 변화들이 일어난다. 이번에는 같은 종류의 무간섭을 가족, 친구, 직장 동료 등 모든 사람들에게 적용해라. 비틀스의 노래 가사가 옳았다. 그냥 내버려두면 해답이 나온다. 이것이 바로 복종이다. 복종은 자신의 세계와 그 세계 안에 있는 모든 사람들을 통제하고 싶은 욕구를 버리는 기술이다.

회복운동(recovery movement: 테라피 요법, 출판, 각종 치료 프로그램, 자조 집단 운영 등 1980년에 미국에서 급성장한 영성 회복 운동_옮긴이)에 종사한 사람들이 오랫동안 부르짖어 왔듯이 '그냥 두고 신에게 맡겨라'는 것이다. 매일 복종을 훈련하면 모든 것들이 제자리를 찾아간다. 당신은 행복의 영역, 곧 사랑과 친절, 온화, 기쁨, 순수의 영역에서 왔다. 바로 당신의 '고향'이다. 그것에 복종해라.

나는 운명을 통제하고 싶어질 때면 나 자신에게 이렇게 말한다. '가만있어, 웨인. 그냥 두고 하느님에게 맡겨!' 내 이름 대신 당신의 이름을 넣어봐라. 정말 효과가 있다.

우리가 온 곳에 대한 나의 설명은 《도덕경》 21편에서도 찾을 수 있다.

최고의 덕은 오로지 도를 따르는 것이다.
도는 무형이며 만질 수 없다.
형체가 없어 만질 수 없지만
모양을 이룬다.

희미하고 모양이 없지만

형체를 이룬다.

어둡고 흐릿하지만

만물의 정신이요, 본질이요, 숨결이다.

오랜 세월 동안 만물의 처음을 기억하기 위해

도의 이름이 보존되었다.

만물의 시초를 내가 어찌 알겠는가?

나는 내 안에서 그것을 본다.

《기적의 길(A Course in Miracles)》 중 내가 가장 좋아하는 구절을 인용하면서 '근원'에 관한 이 장을 마치고자 한다. 이 구절은 우리가 온 곳을 아는 것은 '기억'이 하는 역할이며 우리는 바로 지금 존재의 근원을 기억할 수 있는 장소로 가지 않고서는 우리의 영적인 기원의 수수께끼를 풀 수 없다는 점을 상기시킨다.

신에 대한 '기억'은 고요한 마음으로 찾아온다.

그것은 갈등이 있는 곳으로는 찾아오지 않는다. 전쟁을 치르는 마음은 영원한 평화를 '기억'하지 못하기 때문이다. …… 당신이 '기억'하는 것은 당신의 일부다. 당신은 분명 신에 의해 창조된 그대로다. …… 이 모든 어리석음을 행하지 말고 당신의 마음속에서 여전히 빛나는 신에 대한 '기억'을 떠올리며 평화를 얻어라.

이 글을 주의 깊게 읽어보면 우리의 진정한 근원에 관한 수수께끼를 풀 수 있다. 침묵하고 갈등을 버리고 평화를 느껴라. 우리 내면에 존재하는 영원한 관용을 기억해라.

---

* White Eagle 화이트이글협회의 창시자인 그레이스 쿡의 영적 스승으로 수백 년 전 이로쿼이 족의 추장이었던 것으로 추정된다.

2장. 욕망에서
Ambition

모든 불행은 자아로부터 시작한다.
그로 인해 모든 문제가 생긴다.
자아를 부인하고 무시하고 시들게 하면
마침내 자유를 얻을 것이다.

_라마나 마하르시[1])

 탄생의 순간 이전, 그리고 욕망의 단계가 활약하기 이전, 우리는 누구나 신이나 도, 혹은 우리 존재의 근원에 해당하는 무엇과 함께 머물렀다. '근원'이라는 무형의 단계에서 우리는 욕망을 품지 않으며, 목표도 열망도 없다. 해야 할 것이나 보살필 것, 깊은 인상을 주거나 패배시킬 사람이 없다. 우리가 할 일은 그냥 존재하는 것이 전부다.

'근원'을 경험하는 우리의 존재는 정확히 우리 존재의 근원이 의도한 방해받지 않는 상태에 놓인다. 우리는 진정한 우리 자신이다. 이 단계에서 우리는 늘 그래온 것처럼 신과 아주 많이 닮아 있다.

영화 〈시프트〉는 우리가 진정한 자신(우리의 신성)으로부터 멀어져 그릇된 자신을 받아들이는 과정에 대해 들려준다. 우리는 완벽한 창조물로 이 세상에 오지만 수많은 이유로 진정한 자신을 버리고 그릇된 자신을 받아들이라는 유혹을 받는다. 우리와 우리를 양육할 책임을 맡은 이들은 우리의 운명과 진리대로 살기 위해 필요한 모든 것이 처음부터 내면에 들어 있었다는 사실을 무시하며 살았다. 그러고는 진정한 자신과 정반대편에 있는 자신이 되라는 부추김에 넘어간다.

그릇된 자신의 특성

어떤 창조물이 이곳 지구에서 형태를 갖고 성장하는 동안 자신이 처음의 존재가 아닌 다른 존재라고 배우고 믿는다고 상상해보자. 어떤 하이에나가 있다. 이 하이에나는 부모에게 자신이 절대 하이에나가 아니라는 말을 들었다. 그래서 마구 뛰어놀거나, 이빨을 갈거나, 먹잇감을 좇거나, 다른 하이에나들과 몰려다니거나, 무리를 지어 사냥을 하거나, 울부짖거나, 동물을 죽여 시체를 뜯어먹는 본성을 따를 수가 없다. 이 새끼 하이에나의 어미는 울거나 짖어대는 이상한 행동을 모두 멈추고 나쁜 하이에나들이 사냥을 하는 동안 꼼짝 말고 앉아 있으라고 당부했다. 자기 새끼가 자신을 하이에나가 아닌 다른 존재라고 생각하게 한 것이다.

중요한 것은 모든 창조물에는 저마다 운명이 있다는 점이다. 새, 곤충, 물고기를 비롯한 모든 동물과 식물은 그릇된 자신을 만들어 내거나 자신이 창조의 근원이 의도했던 존재가 아닌 다른 어떤 것이라고 믿지 않는다. 에머슨이 일기에 적은 '거북이가 하는 모든 생각은 거북이다'라는 말을 의심할 증거가 전혀 없다는 것이다. 에머슨의 주장은 내가 여기서 주장하는 것과 똑같다. 신이 만든 모든 창조물은 진정하며 오로지 그들의 운명이 예정된 대로만 존재할 수 있다. 그렇다면 인간은 신의 의도에 대해 예외일까? 인간의 성장에서 어떤 부분이 그런 의문을 유발한다.

우리는 어머니의 자궁 안에서 첫 아홉 달을 보내던 때와 똑같이 성장하지 않았다. 세상에 태어나면서부터 부모, 문화, 그리고 종교적, 교육적, 상업적 이익과 관련된 수많은 선의의 사람들을 만났다. 그들은 우리를 품에 안고 창조의 기적에 감격했다. 그리고 하늘을 우러러보며 이렇게 외쳤다.

'멋져요, 하느님! 믿을 수 없을 정도로 완벽하군요. 감사하고 또

감사해요! 하지만 지금부터 이 아이는 우리가 맡을게요.'

그때부터 우리는 '욕망'이라는 왜곡된 세상으로의 전환을 시작하게 된다.

우리는 자신이 신성한 의식의 일부가 아니라고 확신하려고 애쓰는 훈련생이 되었다. 욕망이 지배하는 세계의 구성원이 되는 전환을 시작하면서 '근원'과 완전히 동떨어진 것을 열망하는 법을 배운다. 그 길로 가려면 그 어떤 하이에나나 거북이도 상상하지 못할 방법으로 자신에 대한 정의를 다시 내려야 한다.

인간은 욕망으로 전환하면서 자아를 키워 신에게서 벗어날 수밖에 없다. 우리는 자아가 진정한 자신이라고 주장하는 대로 믿도록 훈련받는다. 그리고 욕망을 갖는 것이 얼마나 중요한지를 가르치는 훈련을 믿고 의지하며 인생의 반 이상을 보낸다.

그 다음의 큰 전환은 그릇된 자신이 껍데기뿐인 약속을 하고 자기비판과 무모한 행동만 하게 한다는 사실을 깨달을 때 일어난다.

우리는 자아의 길을 가는 동안 자신이 누구인지 정의하기 위한 한 방법으로서 욕망의 중요성을 믿는다. 지금부터 그릇된 자신이 우리에게 무엇을 가르치는지 살펴보자.

잘못된 자아의 여섯 가지 거짓말

탄생의 순간, 우리는 신의 영역을 빠져나오면서 진정한 자신과 대립하는 정체성을 획득하기 위한 위험한 여행을 시작한다. 나는 자아나 그릇된 자신이 성장하는 시기를 '욕망의 단계'라고 부른다. 그것은 우리의 '근원'과는 완전히 대조적이다.

인간은 흔히 자아를 자신의 정체성으로 오해한다. 우리가 진정한 우리 자신이었을 때는 오로지 대도에 따르기로 했으므로 욕망에 대해서는 거의 몰랐다. 그 누구도 아닌 상태, 신과의 완전한 합일 상태에서 누구라는 존재로 전환하는 여행이 시작된다. 내 친구 람 다스의 말처럼 '누군가가 되기 위한 훈련'이라는 이름의 교육과정에 참여하게 되는 것이다.

자아는 우리가 무에서 유로, 그 누구도 아닌 존재에서 누구라고 불리는 존재로, 일원성에서 이원성으로, 통일체에서 독립체로 이동할 것을 고집한다. 이 여행에서 우리는 신에게서 멀어지고 그릇된 자신을 믿는 법을 배워야만 한다. 이때 자아가 하는 가장 큰 일은 욕망을 부추기고 새로운 (그러나 잘못된) 정체성을 만들어냄으로써 '아무도 아닌 상태'를 제거하는 것이다.

본 장의 서두에 인용된 글은 자아를 문제의 원인이라고 소개

한다. 진정한 행복을 알고 더할 나위 없이 만족스러운 삶을 살고 싶다면 스리 라마나 마하르시처럼 행하며, 자아를 무시하고 '시들게' 하는 법을 배워야 한다.

그러나 자아는 자신을 무시하려는 우리의 노력에 저항하도록 설계되어 있다. 그래서 우리가 '누군가'인 상태를 버리지 못하게 하려고 수단과 방법을 가리지 않는다. 자아는 우리가 다른 누구보다 더 중요한 사람이 되기를 바란다.

나는 자아, 곧 거짓 자신을 구성하는 여섯 가지 요소를 정리했다. 우리는 아무도 아닌 상태로 남아 있을 수도 있다. 그러나 자아는 우리가 대단한 존재임을 확신시키기 위해 그 요소들을 계속해서 귀에 들려준다. 우리는 어린아이일 때부터 '누군가'가 되기 위한 훈련을 거치는 동안 차츰 그 말들을 믿게 된다.

지금부터 자아가 우리에게 믿어주기를 바라는 여섯 가지 거짓말에 대해 설명해보겠다.

1. 나는 곧 나의 소유물이다

우리는 아무것도 소유하지 않는 것은 인간으로서 아무 가치도 없는 사람이 되는 것과 같다는 암시를 일찌감치 받는다. 이런 민음을 갖고 성장하는 동안 더 많은 물건을 모을수록 더 중요해진 다는 것도 배운다. 신의 한 조각으로 존재하기 때문에 자신이 소중하다는 생각에서 점점 멀어진다. 그리고 얼마나 많은 물건을 가지고 있고, 그것들을 돈으로 따지면 얼마나 되며, 우리 문화가 다른 사람들의 눈에 얼마나 대단해 보이는지를 기준으로 자신의 가치를 평가하게 된다.

영화 〈시프트〉에는 번쩍거리는 수많은 물건을 소유하고 차와 옷, 집, 골프장 회원권을 과시하는 부유한 부부가 방대한 재산목록을 기준으로 자기들이 인생에서 얼마나 성공했는지 판단한다. 하지만 그들은 소유한 물질의 양만큼이나 자신에 대해서는 부적절한 생각을 갖고 있다. 물건을 쌓아둘수록 걱정이 많아지고 결국 더 많은 것을 좇는 악순환이 반복된다. 이런 악순환은 마침내 남편이 매우 회의적인 순간을 맞으며 막을 내린다. 그는 자신의 인생이 잘못된 건 아닌지 의심하기 시작한다.

그것은 생각해볼 가치가 있는 중요한 의문이다. 성공의 상징들을 좇고, 더 많이 끌어모으고, 이웃보다 더 크고 좋은 것을 얻으려다 인생을 다 보내면 어떻게 될까?

자아는 '더 많이'라는 주문을 건다. 우리 내면 깊은 곳에서 이런 외침이 들려오는 것 같기도 하다.

'다른 것, 더 비싼 것, 네게 명예와 권력을 안겨줄 것을 얻으면 행복해질 걸!'

소유욕은 어린 시절의 장난감과 함께 시작된다. 어린 시절이 잘 기억나지 않는다면 요즘 어린아이들이 장난감을 두고 어떤 표현을 쓰는지 들어봐라.

'그건 내 장난감이야! 내 거란 말이야!'

성인이 되면 더 크고 비싼 장난감이 성공을 대변한다. 그런 물건들이 없어지거나 위태로워지면 인간으로서의 가치가 떨어지는 기분을 느낀다. 더 많은 것을 얻을 형편이 안 되거나 다른 사람이 나보다 더 많이 가졌을 때도 마찬가지다. 가진 것을 기준으로 자신을 평가하는 태도에서 문제가 발생한다. '내가 곧 나의 소유물이라면 가진 것이 없을 때의 나는 존재하지 않을 것'이기 때문이다.

자아는 가혹한 감독이다. 자아가 관련되어 있는 한 우리의 가치는 위태롭다. 물론 우리는 아무것도 없이 와서 아무것도 없이 간다는 사실을 잘 알고 있다. 하지만 자아는 평생 우리를 구속하려고 안달한다. 자아를 그대로 내버려두면 물건이 우리를 통제하고 우리의 가치를 결정한다. 자아의 가치관에 의존하는 정체성을 가진 사람들이 소유물이 위협받거나 사라지면 우울증에 빠지거나 자살을 하는 일이 심심찮게 발생한다.

내가 가장 좋아하는 《도덕경》 구절 중에는 얻는 것이 잃는 것보다 더 많은 문제를 일으키며 현재에 만족하면 결코 실망할 일이 없다는 점을 일깨우는 내용이 있다. 그런 생각은 자아와 잘 어울리지 못한다. 자아는, 인간의 본질은 소유물과 일치하며 소유물이 사라지면 만족이 있을 리 없다고 믿기 때문이다. 그래서 조금이라도 더 많이 차지하려고 발버둥치는 수많은 사람들이 불평과 분노를 터뜨린다. 결국 어떤 식으로든 소유물 목록이 줄어들면 자신을 패배자로 인식하게 되는 것이다.

우리가 온 곳과 돌아갈 곳에서는 기쁨과 만족을 위해 물건을 요구하지 않는다. 태아와 때 묻지 않은 아이는 눈앞의 모든 것들에 큰 만족을 느낀다.

예전에 우리 집 아이들은 두꺼운 종이상자나 헛간의 얼레, 아니면 냅킨 몇 장을 갖고 놀면서도 무척 즐거워했다. 파닥거리며 날갯짓을 하는 나비나 길바닥에 기어 다니는 앙증맞은 개미를 넋 놓고 들여다보기도 했다. 아이들의 마음은 인지의 영역으로 들어오는 거의 모든 것들을 놀라운 눈으로 바라보았다. 그런 마음은 우리가 있던 '근원'의 잔재며, 우리도 그렇게 존재했다. 우리는 페르시아 시인 루미의 충고를 가슴 깊이 새겨야 한다. '너의 영리함을 팔고 순수함을 사라.' ('영리함은 단순한 의견이고 순수함은 직관이다. 우리는 직관을 통해 신에게 도달한다'라는 시구가 뒤를 잇는다_옮긴이)

점점 더 많이 소유하고, 가진 것을 자랑하려는 의지는 우리가 그릇된 자신에게 인생의 주인이 되어도 좋다고 허락했다는 암시와 같다. 그릇된 자신이 우리를 정의하게 하면 우리가 진실하지 않은 어떤 것에 의해 정의되는 것과 같다. 이는 인생 경영의 영적인 파산을 의미한다. 우리의 본질은 사물이나 심지어는 신체적인 자신과도 전혀 관계가 없다. 우리는 우리 자신을 증명하거나 입증할 필요가 없다. 우리는 신이 무한히 개인화된 표현이다. '나는 곧 나의 소유물'이라는 생각은 우리의 문화가 부추기는, 자아의 잘못된 믿음이다.

2. 나는 곧 내가 하는 일이다

우리는 어릴 때부터 누가 무엇을 하고 그것을 얼마나 잘 하느냐로 그 사람을 판단하라고 배운다.

'우리 애가 내 손가락을 붙들더군요. 세상에 나온 지 겨우 여섯 시간 만이었어요!'

'그렇군요. 우리 애는 나랑 눈을 맞추었는데 얼마나 똑똑한지 몰라요.'

'세상에 우리 애는 백일 만에 장난감을 집어 들었지 뭐예요.'

'우리 애는 벌써 걸음마를 뗐어요.'

'우리 애는 말을 하기 시작했답니다.'

이처럼 우리에게 칭찬을 듣게 해주고 우리 자신이 얼마나 특별하고 굉장한지 알려주는 일들은 수없이 많다. 모두 우리를 감독하려고 애쓰는 자아와 관련된 일이다.

우리는 어떤 일을 할 때 특히 남보다 더 빨리 더 잘하면 보람이 있다고 배운다. 인간인 것(그냥 존재하는 것)보다 인간이 하는 일이 더 중요하다고 배운다. 인간의 일은 그 사람의 직업이 무엇인지, 그것이 성공한 다른 사람들과 어떻게 비교되는지를 기준으로 평가된다. 나는 비판하고 비난하기 위해 이런 의견을 말하는 게 아니다. 다만 성장기에 무엇을 크게 이루려는 욕심을 갖는 것이 최우선순위가 되는 것을 지적하고 싶을 따름이다.

우리는 주어진 과제들(기기, 걷기, 말하기, 배변 훈련, 세발자전거를 거쳐 두발자전거 타기, 신발 끈 묶는 법 배우기 등)을 하나하나 익히면서 '무엇을 할 때 경쟁자보다 더 빨리 더 잘하면 더 가치가 있다'고 말하는 정체성을 받아들인다. 그리고 칭찬, 사탕, 돈 등 잘했다는 뜻으로 주는 것들로 성취에 대한 보상을 받았다.

사실 나도 성취를 보상하는 그런 당근들이 뭐가 나쁘냐고 말하고 싶다. 하지만 그것들은 출세지향적인 인간에게 '너는 곧 네가 하는 일'이라는, 자아가 마음대로 만든 새빨간 거짓을 가르칠 뿐이다. 우리는 우리가 하는 일이 아니다. 평생 일을 전혀 하지 않은 사람이라고 할지라도 인간적인 경험을 가진 영적인 존재로 남아 있을 것이기 때문이다.

자아는 지표를 통해 우리의 가치를 확인하고 싶어 하지만 정신은 완전히 다른 기준으로 작동한다. 임마누엘이 말한 영적인 실체인 '집(home)'은 자아를 초월하는 곳에 있다.

너의 머리는 그 길을 모르지만
너의 가슴은 처음부터 그곳에 있었다.
너의 영혼은 그곳을 떠난 적이 없다.
집으로 돌아온 것을 환영한다.[7]

우리의 아동 교육은 성취에 따라 아이의 가치가 결정된다는 확신을 준다. 교육 제도는 그런 생각을 훨씬 더 강조하면서 성취를 부추긴다. 그래서 칭찬 스티커를 하나도 받지 못하면 '한 인간으로서 무가치하다'고 해석하기 쉽다. 시험을 망치면 실패했다는 기분이 든다. 그리고 자아가 부추기는 그런 개념이 현실이 된다.

우리는 유치원에서 대학원까지 한결같은 암시를 받는다. 즉 얼마나 잘하느냐를 기준으로 평가되고 잘못하면 '부진아'라는 낙인을 얻는다. 욕망의 개념은 다른 사람들의 관점과 심지어는 신의 관점에서 우리가 얼마나 가치 있는지를 평가하는 지표로 우리의 의식 속에 단단히 뿌리를 내렸다.

이런 개념은 성장하는 자아의 모든 면으로 이어진다. '승리는 전부는 아니지만 유일하다'라는 유명한 속담은 경쟁자의 50퍼센트를 패자로 만든다. 승자가 있는 모든 경쟁에는 반드시 패자도 있기 때문이다.

인생의 모든 영역에서 우리가 무슨 일을 하든지 그것이 우리의 가치를 결정한다. 자신의 포트폴리오가 다른 사람의 것보다 못하다는 평가를 받은 화가는 인간으로서의 가치를 상실한 기분을 느낀다. 어느 한 범주에서 최고가 되지 못한 가수는 자신이

별 가치가 없다고 생각한다.

자아의 훈련은 성인기까지 계속된다. 그리고 흔히 자신이 무위(無爲: 아무것도 하지 않음)에서 왔고 무위로 돌아가는 신의 한 조각이라는, 신성에 바탕을 둔 개념을 지워버린다. 자아의 훈련은 자신의 초라한 포트폴리오가 더 많은 것을 성취한 사람들의 것에 비해 보잘 것 없다는 생각을 강조한다.

우리는 자기 자신이 가치 있고 소중하다는 것을 증명하기 위해 어떤 일을 할 필요가 전혀 없다. 아무것도 하지 않았지만 신과 같은 모습으로 존재했다면 자신의 운명에 충실한 것이다. 그렇게 했다면 오히려 더 길고 화려한 이력서를 썼을지도 모른다.

지금도 나는 아무것도 하지 않으면서 글을 쓰고 있다. 옳은 말이다. 나는 그저 생각들이 나를 통해 종이 위로 흘러가도록 허락할 뿐이다. 나는 글을 쓰거나, 노력하거나, 열심히 애쓰거나, 아니면 다른 어떤 것을 하느라 바쁘지 않다. 내 심장, 내 폐, 내 순환계, 그리고 나의 육체를 구성하는 다른 모든 것들을 대하는 것처럼 그냥 내버려두고 신의 손에 맡긴다. 크게 생각하지 않고 거창한 목표를 세우진 않지만 《도덕경》의 조언을 되새기면서 나 자신을 그냥 존재하게 한다.

도의 수행은 날마다 덜어내는 것이고

덜어내고 덜어내면 마침내 무위에 이른다.

무위에 이르면

하지 못할 것이 없다.

세상에 대한 진정한 숙달은

일들이 자연적인 순서로 이루어지도록

허락할 때 얻어진다.

간섭으로는 결코 얻어지지 않는다.

그렇다. 정말 말도 안 되는 이야기 같지만 모든 창조가 꼭 그렇게 이루어진다. 신은 아무것도 하지 않지만 이루지 않고 남겨두는 것도 없다. 무관심으로 자아를 시들게 해서 포기하게 만들어라. 그러면 아무것도 하지 않고 그저 존재함으로써 이 세상에 온 목적을 달성한다. 가만히 있어도 손톱이 자라고, 먹은 음식이 소화되고, 심장이 뛰는 것처럼.

영화 〈시프트〉에서 절망에 빠진 영화제작자 데이비드는 내가 하는 말의 의미를 잘 보여주는 예다. 그는 '나는 곧 내가 하는 일'

이라는 자아의 믿음이 빚어내는 문제를 적절히 표현하고 있다. 그는 영화를 만들 수 없을 때는 행복도, 영혼도 잃어버린다. 그러다 문득 모든 것을 내려놓고 잠깐이나마 현재에 머물며 '전환'의 의미에 대해 깊이 생각하게 된다. 바로 그때 마법이 일어난다. 나는 영화에서 강조하는 주제를 되풀이해서 말한다.

'우리는 곧 우리가 하는 일일까? 그렇다면 무엇을 하지 않거나 할 수 없을 때는 아예 존재하지도 않는다는 것일까?'

나는 우리가 특히 이 문제에 관심을 모아야 한다고 생각한다.

현대 세계에서 성장한 사람들은 대부분 아무것도 하지 않는 것을 회의적으로 생각한다. 우리는 욕심, 그중에서도 특히 '더 많이 하라'는 표현에 길들여져 있다. 하지만 '우리는 곧 우리가 하는 일'이라는 믿음이 일으키는 현실적이고 문제적인 면을 따져보아야 한다.

영화에서 데이비드는 자아의 가르침 때문에 자존감을 잃는다. 그는 절망하게 되고 완전히 패배한 기분을 느낀다. 이는 성과를 기준으로 성공한 사람을 정의한다는 자아의 가르침을 믿기 때문이다. 데이비드는 원하는 영화 프로젝트를 맡지 못했다는 이유로 자신이 무가치한 사람이라는 자괴감에 빠진다. 이것은 그릇

2장 욕망에서

된 자신에게 의지할 때 도출되는 그릇된 결론이다.

진정한 자신이 아닌 자아의 말에 귀를 기울이면 그런 위험에 빠진다. 우리는 실패한 것 같은 기분이 들 때마다 인간으로서 자신의 가치를 위태롭게 한다. 아프거나 다쳤을 때, 자기가 세운 기준을 달성하지 못했을 때 우울증에 빠지거나 온갖 신체적인 질병에 걸리기 쉽다.

우리 다음 세대의 인물들은 십중팔구 우리가 이룩한 성과를 훨씬 앞지를 것이다. 수영, 육상 같은 경쟁 스포츠에서는 그런 일이 자연스럽게 발생한다. 결국 우리는 예전만큼 성취할 수 없으며 행동하는 인간으로서 자신의 가치가 증발한 것 같은 느낌을 갖게 될 것이다. 하지만 그런 이야기는 그릇된 스승, 곧 우리의 자아에게 귀를 기울일 때만 진실로 통한다.

나 역시 많은 사람들이 '은퇴기'로 여기는 나이에 이르렀다. 하지만 몇 십 년 동안 그런 문제와 연관된 자아를 시들게 만드는 연습을 해왔다. 나와 내 일이 같을 순 없다. 나는 내가 이룬 성과물이 아니다. 나는 나의 이력서가 아니다. 진정한 나로서 살고 숨쉬고 일한다. 이 책을 비롯해서 과거의 많은 책에서 말한 것처럼 나는 글쓰기를 행하지 않는다. 나는 쓰고 있으며 쓰기가 바로 나다. 그저 아무것도 하지 않음으로써 만물을 움직이게 하는 대도에 따라 살라는 노자의 충고를 따를 뿐이다. 그런데 어떻게 은퇴의 개념이 가능하겠는가? 어떻게 나라는 존재에게서 은퇴할 수 있겠느냐는 말이다. 진정한 나는 이 글과 말, 그리고 내가 하는 다른 모든 것들이 발생하도록 허용할 따름이다.

'나는 곧 내가 하는 일'이라는 자아의 주장을 무시하고 가장 진정한 자신의 말을 따르라고 충고하는 것은 그 때문이다. 그런 다음 가능할 때 '욕망'을 '의미'로 바꾸어야 한다.

삶을 의미로 전환하면 우리 자신에게서 은퇴한다는 말이 얼마나 불합리한지 깨닫게 된다. 나는 하는 일에 따라 사람을 평가하는 문제에 대한 피카소의 생각에 늘 고마움을 느낀다. 그는 이렇게 말했다.

> 이슬람교도가 사원에 들어가기 전에 신발을 벗는 것처럼 나는 일을 하는 동안 내 몸을 문 밖에 남겨둔다.[3]

몸을 바깥에 두고 영혼이 하는 대로 내버려둔다면 우리의 일도 그와 같이 여길 수 있다.

3. 나는 곧 남이 생각하는 나다

우리는 타인의 관찰과 의견에 따라 우리의 가치가 달라진다는 자아의 주장에 평생 시달린다. 다시 말하지만, 그릇된 자신은 외적인 요소나 다른 누군가가 우리의 가치에 영향을 준다고 말한다. 자신이 진정으로 누구인지 깨달아야 한다. 우리는 전체의 한 조각이며 완전한 무에서 창조된 신의 개별적인 표현이다. 우리의 참모습은 우리가 온 곳과 같다. 개인의 자존감이 외적인 요인에 따라 결정된다는 것을 잘못된 생각이라고 인정하고 거부하는 한, 그런 성스러운 참모습과 우리의 끈은 튼튼하게 지켜질 것이다.

안타깝게도 우리는 어렸을 때부터 나에 대한 남의 의견을 믿으라고 배운다. 부모, 형제자매, 친구, 스승 등 어린 시절에 만나는 모든 사람들이 우리 자신보다 더 존중받는다. 그런 사람들 중 누구라도 우리를 못마땅하게 여기면 당연히 그들의 의견을 존중해야 한다. 그런 자아의 잘못된 가르침에 빠지면 자존감은 점점 더 떨어지고 결국 자신의 신성한 참모습에 회의를 느낀다.

자존감은 남의 인정이 아니라 자기 자신에 대해 갖고 있는 내면의 긍정적인 믿음에서 나온다. 자아의 세속적인 생존 지침에 따르면 우리는 본질적인 정신이 없는 물리적인 존재다. 다른 사람들이 어떻게 생각하느냐에 따라 우리의 가치가 결정된다는 잘못된 생각을 따르는 것이다. 자신이 누구인지 진정으로 알고 있다면 세속에 이끌린 자아의 이야기를 무시하고 다른 사람들의 평가를 단순한 의견으로 여겨야 한다.

자아는 우리의 영적인 본성에 대한 깨달음을 회피하려고 애쓴다(그리고 대개 큰 성공을 거둔다). 우리는 그것의 영향을 인식하지 못한 채 만나는 모든 사람들의 인정을 받는 것에 몰두하며 많은 시간을 보낸다. 그런 인정을 받지 못할 때는 외적인 평가들을 기준으로 다른 사람들이 원할 것이라고 생각하는 자신이 되려고 노력한다.

우리의 정체성이 타인의 관점에 의해 정의된다는 믿음은 우리의 참모습이 지닌 자유분방하고 유쾌한 즉흥성을 해친다. 다른 사람들의 의견에 따라 자기 자신을 규정하고 평가하는 한 우리는 자신을 바꾸거나 남의 시선을 피해 숨어야 한다. 자기 자신에 대한 생각이 다른 사람들 속에 존재하는 것이다. 그들이 우리를 거부하면 그때부터 우리는 존재하지 않는다.

자아는 다른 모든 사람들의 의견에 적응하는 방법으로 그런 문제를 해결한다. 그들이 우리를 바보라고 생각하면 우리는 덜

리 생각하도록 그들을 설득한다. 그들이 원하는 사람이 되려고 발버둥 친다. 남이 생각하는 모습이 아니면 존재하기를 멈춘다.

우리가 누구인가 하는 것은 다른 사람들의 생각이나 의견과는 전혀 상관이 없다. 이것은 진리다. 당신은 어떤 사람에게 필사적으로 인정받고 싶어 하지만, 그는 언제든 마음을 바꿀 수 있다. 당신이 똑똑하고 유능하고 예쁘다고 생각하다가도 매력이라고는 눈곱만큼도 없는 멍청이라는 결론을 내릴지도 모른다.

진정한 자신의 말에 귀를 기울이면 그런 판단들로부터 아무런 영향도 받지 않는다. 그러나 거짓된 자아가 생각을 지배하면 심각한 영향을 받는다. 그것은 진정한 자신을 무시하라고 꼬드긴다.

남의 인정을 받는 것을 인생의 가장 중요한 원칙으로 정한 사람은 남과 정을 주고받는 관계를 맺기 어렵다. 내게 없는 것을 남에게 줄 수는 없다. 남의 판단에 따라 자신을 규정하고 평가하는 사람이 어떻게 남에게 진정한 사랑과 존경을 줄 수 있겠는가. 그럴 때 자아는 두려움, 혼란, 불행의 상태가 지속되게 하는 요인을 제공한다.

그렇다면 인정에 대한 갈망과 낮은 자존감은 욕망과 어떤 관계가 있을까? 간단히 말하면, 우리는 살면서 되도록 욕심을 많이 갖고 자신의 인생에서 권한을 가진 모든 사람들의 인정과 검증을 받는 것에 열중하라고 배운다. 따라서 욕망을 품는다는 것은 자신의 인생과 내면의 의견을 무시하는 것과 거의 같다. 우리는 부모, 스승, 교수, 권력이 있는 사람, 상사로부터 그들을 기쁘게 하는 방법을 배운다. 어떻게 해야 그것에 성공할 수 있을까? 그들의 의견을 우리 자신의 의견보다 더 중요하게 여기면 된다. 이는 매일, 매 순간 무의식적으로 이루어지는 과정이다. 그 결과, 자아가 지휘하는 거짓된 자신이 남는다.

자신의 평가보다 남의 의견에 더 많은 믿음을 준다면 우리를 창조한 지혜의 존재를 부인하는 것과 같다. 그러한 자아의 믿음을 무시할수록 자존감은 커진다. 축적하고 성취하려는 우리의 열망은 궁극적으로 우리의 타고난 가치가 영적인 자아와 연결된 곳에 있다는 사실을 잊게 한다. 우리 존재의 근원과 우리의 끈이 사라지는 것이다. 우리의 참모습은 다른 사람들의 자아가 판단하는 것과 같다는 자아의 생각을 그대로 수용한다.

내가 그동안 배운 중요한 교훈이 있다. 말을 하거나 글을 쓰다 보면 나의 의견과 다른 의견을 만난다. 천 명의 청중에게 말하면 나에 대한 천 개의 의견이 있을 것이다. 니에 대한 평판은 내 것

2장 욕망에서   85

이 아니라 내가 하는 말을 읽고 귀를 기울이는 사람들의 것이다. 그래서 나는 나에 대한 평판을 걱정하지 않기로 했다. 그것은 내게 속해 있지 않다. 대신 나 자신의 특성에 관심을 두기로 했다. 내 인생에서 일차적인 관계는 내 존재의 근원(말하자면, 신)과 맺은 관계다. 인도의 시인이자 신비주의자인 파라마난다는 '자신을 믿지 못하는 자가 신을 진실로 믿을 수 있다고 생각하지 마라'고 말했다. 나는 그의 말에 깊이 공감한다. 자아의 꼬드김에 솔깃해서 나 자신에 대한 믿음을 포기하기로 결정한다면 내 존재의 근원에 대한 믿음을 얻을 수 없다. 그 둘은 항상 함께 다니기 때문이다.

이 같은 자아의 첫 세 가지 요소(나는 내가 가진 것, 나는 내가 하는 일, 나는 남이 생각하는 나)는 우주에서 내가 최고라는 믿음, 그리고 얼마나 많이 모았는가, 얼마나 성취했는가, 칭찬 스티커를 얼마나 많이 받았는가에 따라 인간의 순위가 매겨진다고 믿는 자아의 욕망에 초점을 두고 있다. 무엇을 획득하고 성취했는지, 어떤 평가를 받는지가 가장 중요한 것이다.

자아 포트폴리오의 나머지 세 요소는 우리 자신이 독특하고 특별하며 우주의 모든 사람 혹은 모든 것과 다르고 싶다는 욕구에 그 특징이 있다.

4. 나는 남과 다르다

욕망은 우리 자신만이 중요하다고 믿어주기를 바란다. 이런 자아의 신념에 완전히 젖어들면 우리 없이 존재하는 지구나 태초부터 존재한 이유를 가진 지구의 개념을 생각하는 것이 무척 어렵다.

자아의 마지막 세 가지 요소의 키워드는 '분리'다.

자신이 다른 사람들과 다르고 분리되어 있다고 믿으면 그릇된 자아의 계획에 휩쓸리게 된다. 그러나 우리는 일체성의 특징을 지닌 무에서 발생했다. 세계적인 가톨릭 사제이자 영성 작가인 토머스 머튼의 말을 잘 새겨두자.

> 우리는 처음부터 하나였다. 하지만 이제 모두가 그렇지 않다고 생각한다. 우리는 본연의 일체성을 되찾아야 한다.

머튼의 말은 진실을 담고 있으며 분리에 집착하라는 자아의 끈질긴 명령에 저항한다.

자아는 분리를 고집한다. 그래야 참된 자신에게 갈 관심을 줄일 수 있기 때문이다. 우리가 서로에 대한 유대, 숨 쉬는 공기, 마시는 물, 의지해서 살아가는 태양, 그리고 가장 중요한 것으로 우리에게 생명을 준 눈에 보이지 않는 근원을 인정하고 존중할 때, 비로소 자아는 제자리로 돌아갈 수 있다.

'타인은 없다'라는 라마나 마하르시의 주장은 많은 생각을 하게 해주며, 특히 나의 경우에는 자아를 완전히 침묵하게 만든다. 자아는 타인과 우리의 분리에 대한 믿음을 바탕으로 존재하고 번영한다. 분리는 '내가 더 예쁘고 더 똑똑하고 일을 더 잘하고 어쩌고저쩌고……' 같은 생각들로 경쟁심을 부추기는 욕망의 여행을 더욱 가속화하는 요인이다. 이런 태도가 몸에 밴 사람은 타인과의 관계에서 자신의 우월성을 증명하는 일에 매달린다. 그러나 분리도, 타인도 없다고 생각하면 우월성을 증명할 필요도 없다.

그와 반대로 타인과의 유대를 절대적으로 믿는다면 누구를 이기거나, 정당하다고 판단하는 것을 위해 싸우거나, 전쟁을 일으키거나, 남을 이용하거나, 승리자가 되려고 끝도 없이 노력할 필요가 없다.

모든 사람들에게서 신의 모습을 본다는 것은 갈등이 없다는 것을 의미한다. 타인 속에서 우리 자신을 보기 때문이다.

다음과 같은 생각 속에서 그런 지혜를 터득할 수 있다.

당신이 다른 사람들을 평가한다면 그들을 정의하는 게 아니다. 오히려 당신 자신이 평가받을 필요가 있는 사람이라고 정의할 뿐이다.

우리는 '적'이라는 개념을 이해할 수 없으며 결과적으로 또 다른 인간을 죽이거나 그들을 대상으로 전쟁을 일으키는 데 참여할 수 없다. 아메리카 원주민들도 이런 말을 즐겨 한다.

한 나무의 가지들은 자기들끼리 싸울 정도로 어리석지는 않다.

인류 역사를 연구해보면 기록된 역사의 95퍼센트 이상의 사례에서 '한 나무의 가지들'끼리 전쟁을 일으킨 사실을 확인할 수 있다. 자아는 우리가 분리되어 있다고 설득한다. 그리고 강 건너편에서 다른 언어를 쓰고 다른 종교를 믿고 다른 문화를 가진 '타인'과 싸워서 그들을 패배시키고 복종시키라고 부추긴다. 많은 표현들 중에서 특히 경쟁, 싸움, 사기, 증오, 갈등의 뿌리에는 자아가 만드는 거짓 자신이 있다. 우리는 분리라는 망상을 꼭 보호해야 한다는 자아의 꼬드김을 무심코 받아들인다.

2장 욕망에서

욕망은 '타인'보다 자신이 월등하다는 평가를 내리며 맨 앞에 서려는 욕구로 나타날 때가 많다. 하지만 실제로 '타인'은 타인으로 위장한 우리 자신이다. 우리는 우리의 일체성을 이해하지 못하고 자아가 벌려놓는 차이에만 매달린다. 《도덕경》에서 노자는 이렇게 말한다.

'내게 적이 있다'는 생각보다 더 큰 손해는 없다.
'나'와 '적'이 공존한다면
나의 보물이 빛을 잃기 때문이다.

이때 보물은 만물에 존재하는 우주적인 통합력, 곧 모든 것을 아는 도(道)이다.
고대 인도의 철학서인 《우파니샤드》에는 분리를 믿으려는 자아의 욕구에 관한 내용이 있다.

깨달은 자는 자신이 곧 만물이 된다. 그런 통합을 경험해 본 자에게 무슨 슬픔과 문제가 있겠는가?

영화 〈시프트〉에도 같은 내용이 나온다. 사업가 채드는 자신의 차별성을 굳게 믿기 때문에 운영 중인 회사가 다른 사람들이나 환경에 어떤 영향을 미치는지에는 아무런 관심도 없다. 하지만 영화가 결말을 향해 가는 동안 자신이 묵고 있는 리조트의 사장이 남을 어떻게 바라보는지 알기 시작한다. 그리고 마침내 '약속과 희망의 집'이라는 자선단체에 기부할 거액의 수표에 서명을 한다. 그 순간 채드의 얼굴에 번진 미소는, 인생에는 남을 희생한 대가로 돈을 버는 것보다 더 중요한 것이 있다는 사실을 깨달았음을 말해준다.

5. 나는 내가 잃은 것과 분리되어 있다

작은 마을에 한 소년이 살았다. 소년에게는 신통력이 있어 환자가 그의 곁에만 가도 병이 나았다. 마을 사람들은 동시에 두 장소에 존재할 수 있는 그의 능력에 대해 이야기했다.
그의 표정은 평화롭고 고요했다. 부족의 연장자들은 어린 능력자에게 신과 우주의 비밀을 알려달라고 간청했다. 그들 중 하나가 간곡히 말했다

"신이 어디에 있는지 말해준다면 오렌지 한 개를 주마."

어린 성자는 주저 않고 말했다.

"어디로 가야 신이 없는지 말해준다면 나는 오렌지 두 개를 드리지요."

우리의 거짓된 자신인 자아의 다섯 번째 요소는 신이 어느 곳에나 존재한다는 믿음을 거부한다(여기서 신은 모든 창조에 참여한 창조적인 근원을 일컫는다). 자아는 우리의 인생에서 잃어버리고 있는 것들이 있다는 믿음에 아주 커다란 흥미를 느낀다. 우리가 눈에 보이지 않는 창조의 근원과 연결되어 있다는 것을 부인한다. 신을 몰아내야 자신의 정체성을 얻을 수 있다고 생각하기 때문이다.

우리가 영원히 신과 연결되어 있다고 믿기 시작하면 자아의 존재 이유가 사라진다. 어디에나 존재하는 신은 우리의 감각이 인생에서 잃어버리고 있다고 해석하는 모든 것들과 우리 모두에게 깃들어 있다. 다시 말해, 우리 모두는 눈에 보이지는 않지만 놓치고 있다고 생각하는 모든 것들과 연결되어 있는 것이다. 그렇다면 또 이런 의문이 생긴다. '어떻게 해야 내가 원하지만 손에 닿지 않는 것처럼 보이는 것들을 확인할 수 있을까?' 그 답은 내가 원하는 것이 나와 영적인 조화를 이루도록 나 자신을 재구성하는 것이다.

하지만 자아는 우리가 집착하고, 목표를 설정하고, 부족하다는 것을 믿고, 내가 잃어버린 것과 똑같은 것을 찾는 다른 사람들과 경쟁하다가 결국은 만족을 모르는 사냥꾼이 되기를 바란다.

그런데 우리는 왜 만족을 모르는 것일까? 자아의 방식은 보석 같은 현재의 순간 속에서 평화와 만족을 느끼며 산다는 의미로 귀결되는 것을 허용하지 않기 때문이다. 자아는 욕망에 빠진 채 추구하고 노력하며 더 많은 것을 원하게 만든다. 자기가 가진 힘을 이용해서 우리가 욕망을 추구하는 상태에서 벗어나지 않도록 부추긴다.

자아는 다른 누구보다 더 뛰어나지려 하고, 무슨 수를 써서라도 승리하고, 더 많은 것을 모으고, 다른 사람들의 눈에 엄청난 성공을 거둔 사람으로 보이려 하는 것을 욕망이라고 정의한다. 그리고 우리가 세상에 존재하는 모든 것들과 하나로 연결되어 있다는 개념을 거부하게 만든다. 우리는 거창한 계획과 목표를 세우면서 욕망과 한편이라는 것을 증명한다. 목표가 크면 클수록 욕망에 찬 사람으로서 얻는 지위는 더 많아진다. 목표와 계획이 커야 한다고 생각할수록 잃어버리고 있는 것들이 눈에 더 잘 띈다.

자아는 이렇게 외친다. '넌 아직 부족해! 아직 충분히 갖지 못했다는 걸 모르겠어? 네 가치를 증명할 모든 것들을 얻는 수단이 부족해. 서둘지 않으면 다른 사람이 먼저 도착할 거야! 그러면 거기 있는 한정된 양을 차지하려고 사람들과 경쟁해야 한단 말이야!' 이런 메시지는 우리가 진정한 자신의 시각으로 살아가지 못하게 한다.

진정한 우리 자신은 조금 더 가져야 훌륭하고 행복해진다고 믿는 것이 비정상적이라는 점을 안다. 이 우주에는 부족함이 전혀 없다는 것도 안다. 하지만 자아는 풍요와 만족을 쉽게 얻을 수 있다는 믿음에 겁을 집어 먹는다. 그래서 인생에서 잃어버리고 있는 모든 것들에 대한 불만을 누그러뜨리려면 욕심을 부려야 한다고 설득한다.

하지만 우리는 그런 불만을 완전히 충족시키지 못한다. 자아의 욕망에 매달리면 또 다른 곳에 도착하려고 버둥거리다가 평생을 허비할 수 있다. 그리고 그런 목표는 눈 깜짝 할 사이에 잃어버린 더 큰 것을 찾겠다는 목표로 상향 조정된다. 이런 쳇바퀴는 항상 부족하다는 생각에 동력을 얻어 계속 돌아간다.

그러나 우리에게는 성공을 위해 발버둥 치라고 부추기는 자아의 비정상적인 믿음을 버리고 늘 만족하며 살 수 있는 힘이 있다. 그 과정에서 우리와 모든 사람들, 사물들과 맺은 유대가 분명하게 드러난다. 잃어버리고 있다고 생각하는 것을 얻으려고 발버둥 치다가 만족을 찾지 못하는 상황에 빠지는 일 없이, 존재의 근원과 조화를 이루며 휴식할 수 있다. 일체성 안에서 휴식하기 때문에 신을 쫓아낼 필요가 없다. 문제아인 자아에 대한 필요가 사라진다. 그렇다면 아래와 같은 논리가 성립된다.

신(정령이나 도)은 어디에나 있다.

그러니 신은 내 안에도 있다.

신은 내가 잃어버리고 있다고 생각하는 모든 것에 있다.

결론 나는 내가 잃고 있다고 보는 모든 것들과 신에 의해 연결되어 있다.

행동 제안 신과 나란히 서라. 그러면 잃어버리고 있는 것처럼 보이는 것이 나타나기 시작한다.

자연주의자 존 뮤어는 그런 현상을 이렇게 설명했다.

어떤 것 하나를 집어 들었을 때 그것이 우주의 다른 모든 것들에 묶여 있다는 사실을 알게 된다.

우리는 그런 근본적인 진리에 관심을 기울여야 한다. 그리고 원하는 것을 얻기 위해 열정을 바쳐야 한다는 자아의 주장은 무시해야 한다.

6. 나는 신과 분리되어 있다

이 여섯 번째 요소도 자아의 부추김으로 신을 몰아내는 우리의 행동을 효과적으로 설명한다. 우리는 우리 자신이 곧 우리의 근원이라는 것을 인정하지 않는다.

근원적인 신과 세속의 우리는 칸막이를 사이에 두고 따로 자리 잡고 있다. 자아는 우리가 신의 한조각이라고 믿을까 두려워한다. 우리가 우리의 신성을 진정으로 깨닫는 날, 자아의 입지는 불행한 결말을 맞을 수밖에 없다. 따라서 자아의 주된 역할은 신과 우리가 매우 명확하게 다른 속성이라고 믿게 하는 것이다.

인간의 집단의식은 자아가 두드려 맞춘 신을 섬기고 그런 신과 똑같이 행동함으로써 우리에게 고통스럽고 무익한 영향을 준다. 자아가 만든 신은 몇 가지 특징을 갖고 있다. 먼저, 편협하고 부를 열망하며 자신의 이름으로 살인과 전쟁을 선전한다. 또한 특별한 은혜를 구하는 면죄부를 받아주고 나쁜 행동을 벌하며 앙갚음을 한다. 이런 많은 태도들이 집단적인 자아의 환영이 만들어낸 신의 특징이다.

역사적으로 자아가 만든 그런 '인간 표 창조자'는 우리와는 다른 존재로 차별화되었다. 턱수염을 길게 늘어뜨리고 초자연적인 힘을 과시하며 하늘을 날아다니는 신. 우주의 호텔 종업원인 양 우리를 지켜보고 있다가 가끔 기분이 내키거나 우리가 자신의 규칙에 순종하면 기도를 들어주는 신. 지적인 백인 남자로 묘사되는 신. 우리 중 그런 신에 대해 들어보지 않은 사람이 얼마나 될까?

그는 모든 것을 내어주는 성스러운 근원이 아니라 특별한 은혜를 베풀 기분이 안 날 때는 인간의 문제를 해결하거나 질병을 고칠 능력을 아끼는 괴팍한 권능자다. 그는 자아의 창조자로 자아에 의해 만들어졌고 자아의 요구를 들어주려고 애쓴다. 또한 자아로 인해, 필요에 따라 관찰하고 통제하고 처벌하는 대상에게서 완전히 분리된 창조자다.

　이런 해로운 신념 체계로부터 전환하려면 무엇이 필요할까? 본 장의 도입부에 인용한 라마나 마하르시의 말처럼 자아를 시들게 하면 도움이 된다.

　나는 영화 〈시프트〉에서 신을 바다로, 우리 자신을 바닷물이 담긴 작은 유리잔으로 상상하면 신이나 대도와 우리의 관계를 어림할 수 있다고 말한다. 유리잔에 무엇이 있느냐는 질문을 받으면 우리는 '신 한 잔이요. 신만큼 크거나 강하지는 않지만 어쨌든 신이 담긴 유리잔이니까요'라고 대답할 것이다. 인도에 그 물 한 잔을 쏟으면 물이 증발되면서 사라질 것이다. 결국 물은 그것의 근원으로 돌아간다. 유리잔에 담긴 바닷물은 그 근원과 분리되어 있는 동안 바다의 힘을 잃는다. 그러나 그 근원과 재회한다면 다시 강력한 바닷물의 일부가 된다. 인도에 떨어져 그 근원과의 끈을 잃어버린 물은 자아를 상징한다.

　다음 장부터는 우리의 근원, 이 세상에서 형태를 갖고 있는 진정한 자신과 우리의 끈을 유지하는 방법을 찾을 것이다. 아울러 자아의 욕망과 결국은 증발하게 되어 있는 자아의 힘에서 벗어나 행복한 '의미'의 일체성으로 전환하는 방법에 대해서도 알아볼 것이다.

그런 의미 속에서 우리는 자신이 소유물, 성과, 명예보다 훨씬 더 소중한 존재라는 사실을 깨닫게 된다. 의미로 전환하는 과정에서 분리감이 사라지고 신과의 영적인 유대를 분명하게 느끼게 되는 것이다.

3장. 어디로
To

우리는 완전한 무방비 상태에서 인생의 오후로 건너간다.
훨씬 더 나쁜 것은, 늘 그랬듯이
자신의 진실과 이상이 도와줄 것이라는 착각으로 걸음을 옮긴다.
하지만 우리는 인생의 아침에 세운 계획에 따라
인생의 오후를 살 수 없다. 왜냐하면
아침에 위대했던 것이 저녁에는 미미해지고,
아침에 진실했던 것이 저녁에는 거짓이 되기 때문이다.

_칼 융, 《인생의 단계(The Stage of Life)》 중에서1)

본 장의 제목은 자아(욕망을 먹고 사는 거짓된 자신)의 요구에서 멀어져 진정한 자신(의미에 의해 번성하고 의미를 번성시키는)을 향해 옮기는 걸음을 상징한다. 융은 우리가 일찌감치 자아에게 지배적인 영향력을 갖도록 허용한다는 것을 설명하기 위한 은유로 '인생의 아침'이란 말을 사용했다. 누구에게나 자아의 영향력이 터무니없고 부적절하게 여겨지는 때가 온다.

칼 융은 우리가 그릇된 자신에 대한 신념을 구축하는 동안 배우는 모든 '진실과 이상'이 인생의 오후와 저녁에는 무자격의 길잡이가 된다고 말한다.

전환은 아침에서 오후로 넘어갈 때 시작된다. 우리가 자신의 존재 속에서 '다른 어떤 것'을 찾으려고 갈망하기 시작하는 때다.

그럴 때 환영에 불과한 자아의 불충분한 제안보다는 다른 것, 의미 있는 어떤 것에 대한 영혼의 외침이 주도하는 인생으로 옮겨 간다. 융은 또한 오후와 저녁에 해당하는 시기에 자아가 길을 안내하는 것은 궁극적인 잘못이라고 경고한다.

본 장은 자아가 원하는 방향으로부터 삶을 바꾸는 방법에 대해 이야기한다. 그것은 유턴을 해서 우리의 '근원'을 향해 돌아가는 것이다. 우리는 아주 쾌활하게 진리, 곧 인생의 의미를 실현하기 위한 길을 출발한다. 유턴은 인생의 오후와 저녁의 약속을 지키기 위해 욕망에서 방향을 돌려 우리가 처음 발생한 곳으로 돌아가는 전환이다. 그 약속이란 의미로 충만한 인생을 말한다.

유턴 준비

우리가 가는 인생의 방향은 지금 이 순간 자아가 우리를 잡아두고 있는 장소보다 훨씬 더 중요하다. 가령, 자신이 갈 방향을 탐색하는 것은 몸무게가 얼마나 나가는지, 언제 마지막으로 담배를 피웠는지에 집중하는 것보다 훨씬 더 가치가 있다. 스스로 인생을 파괴하는 방식을 바꾸겠다는 결심은 방향을 바꾸겠다는 결심이며, 그런 뒤에 체중 감량이나 금연을 시도해야 한다. 더 의미 있고 가치 있는 것을 향해 가는 것이 훨씬 중요하다.

자아의 요구에 계속해서 귀를 기울이면 자기 존재의 근원에서 멀어진다. 자아는 더 많은 것들을 좇으라고 몰아세운다. 더 많은 물건과 돈, 더 큰 성과와 승리, 더 높은 지위……. '더 많이'는 자아의 주문이다. 그것은 종착지가 있다는 새빨간 거짓말을 연료로 집어넣으며 끝도 없이 이리 뛰고 저리 뛰게 만든다.

그러나 우리가 인생의 방향을 결정하지 않는 한, 분명했던 종착지는 훨씬 더 많은 것을 얻으려는 욕구로 둔갑한다. 전환은 자아의 힘과 자만심을 끊는 과정에서 시작되지만 그런 다음에는 돌아서서 반대 방향으로 곧장 가야 한다. 그렇다고 열정을 잃어버리는 것은 아니다. 오히려 우리의 열정은 의미를 경험하고 목적의식을 느끼는 삶과 조화를 이루게 된다.

이제 욕망은 우리 존재의 근원에게 연료를 얻는다. 그리고 자아가 연료를 공급하는 그릇된 자신보다 더 높은 주파수에서 진동한다. 우리의 출발점이자 근원인 '고향'으로 돌아간다는 것은 우리의 참모습인 잠재된 일체성을 지지하는 인생으로 들어선다는 것과 같다.

욕망에서 의미로 유턴을 할 준비가 되었을 때 다음과 같은 신호들이 나타난다.

더 하고, 더 가지라는 자아의 되풀이되는 주장에 관심이 덜 간다
오히려 자신이 '어디로' 가고 있는지에 마음이 쏠린다. '계속 이렇게 살면 되는 걸까?' '이게 전부일까?' '인생에서 뭐가 중요할까?' 이런 질문들을 속삭이는 자신의 다른 목소리가 들리기 시작한다. 자기가 주인인 양 행세하며, 인생은 우리가 하는 일과 소유한 것이 전부라고 말하는 자아에게 회의가 생긴다. 그제야 우리는 완전히 반대로 이야기하는 우리의 근원적인 존재에게 관심을 돌린다.

《도덕경》은 집착을 버리고 모든 것을 내려놓으라고 가르친다. 특히 81편은 자아의 목소리에 반기를 드는 용기에 관해 말한다.

현명한 이는 쌓아두지 않고
모든 것을 남에게 준다.
더 많이 가질수록 더 많이 내어준다.

이처럼 '고향'으로 돌아가는 여정에 오를 때 인생의 방향이 달라지기 시작한다는 것을 깨닫는다. 빼앗고 쌓아둘 필요에서 멀어질수록 더 많이 얻는다는 말이 무슨 뜻인지 이해하게 된다.

영화 〈시프트〉는 바로 그런 점을 강조한다. CEO인 채드는 희망과 약속의 집에 기부할 수표에 서명하면서 얻고자 하는 욕망을 벗어던진다. 이어진 장면에서는 인생의 방향을 바꾸겠다는 결심을 상징하는 야생화를 아내에게 선물한다.

비교적 덜 참된 존재에서 참된 존재로 방향을 바꾼다는 것은 풍요와 번영을 부를 수 없거나 생산적인 존재가 되려는 욕구를 잃는 것을 뜻하지는 않는다. 방향 전환은 우리의 일체성과 조화를 이루는 존재의, 당연하게 누릴 축복을 느끼기 시작했다는 것을 의미한다.

덜 하는 쪽으로 돌아서기 시작한다

우리 존재의 근원은 도와 같아지고 덜 행하라고 가르친다. 노자는 아무것도 하지 않는 무위를 통해 모든 것이 이루어진다고 말한다. 마찬가지로 예수는 이렇게 말한다.

하늘을 나는 새를 보라. 저들은 씨를 뿌리거나 수확하거나 헛간에 모으지 않는다. 하늘에 계신 너희의 아버지가 저들을 먹여 살리느니라. _마태복음 6장 26절

세상을 모두 얻고 영혼을 잃는다면 무슨 이득이 있겠는가? _마가복음 8장 36절

전환을 통해 우리는 '세상을 모두 얻으려는' 욕망에서 멀어진다. 우리는 종착지를 향한 여행, 즉 타고난 심성으로 돌아가는 여행을 하는 동안 '모두 내려놓고 신께 맡겨라'라는 회복운동의 가르침을 더 많이 행할 수 있다. 무슨 수를 써서라도 성공해야 한다는 압박감에 시달리지 않을 때 더 많은 것을 이루는 기적 같은 경험을 한다. 그리고 결국 더 큰 인생의 의미를 깨닫는다.

빛이 아닌 그림자 속에서 더 많은 것을 이룬다
우리 존재의 근원은 가장 중요하게 여겨야 할 덕목으로 겸손을 꼽는다. 그러나 자아는 야심 있는 사람이 되어 남의 평판을 얻기 위해 노력해야 한다고 오랫동안 우리를 꼬드겼다. 우리는 욕

망에서 의미로 전환하면서 도의 진리를 받아들이고, 무의식중에 《도덕경》 73편의 '하늘의 도는 싸우지 않고도 정복한다' 같은 말에 끌리게 된다.

칭찬을 듣고 싶은 욕구는 자아의 명령과 반대쪽으로 바뀐다. 예수는 '너희 중에서 가장 낮은 자가 가장 높은 자다'(누가복음 9장 48절)라며 자아의 반대쪽에서 말한다. 우리가 이처럼 철저한 겸손을 실천하기 시작할 때 자아는 심각한 위험에 처한다.

자아는 타인의 인정과 칭찬으로 번영한다. 그러므로 우리가 인정을 받을 수 있는 방법을 배우려는 것도 놀라운 일이 아니다. 우리는 걸음마를 배울 때부터 인정받기를 열망한다. 그러나 방향을 바꾸어 자만심을 줄여나가면 좋든 나쁘든 남의 의견에 집착하지 않게 된다.

분리에 대한 믿음이 사라지고 통합에 대한 믿음이 온다

그동안 자아는 우리가 다른 사람들과 다르고 특별하다는 주장을 쉬지 않고 해왔다. 우리가 다르다고 고집스럽게 믿는다는 것은 끝없이 서로를 비교하고 원하는 것을 얻으려고 경쟁한다는 것을 의미한다. 우리는 그런 믿음을 지키기 위해 필요하면 다투고 심지어 전쟁을 치르는 일까지 서슴지 않는다. 갈등은 인간이 분리되어 있다는 자아의 신념을 지키기 위해 꼭 필요한 요소다. 그래서 남을 정복하고 파괴하려는 욕구는 분리 개념의 본질이다.

'근원'으로 되돌아가는 여행을 하는 동안 분리 개념은 사라지고 일체 개념이 다가온다. 우리 존재의 근원은 우리가 모두 연결되어 있기 때문에 경쟁심이 줄어든다고 말한다. 남을 점령하고 싶은 욕심은 연민으로 바뀌고 남을 지배하는 것에 대한 매력이 사라진다. 《도덕경》의 언어는 곧 신의 언어로, '무력으로 남을 정복한다는 생각을 하지 마라. 힘으로 성공한 것은 곧 망한다. 그것은 도와 조화를 이루지 못한다'고 가르친다.

우리의 개인 생활이나 더 큰 세상에 퍼져 있는 모든 갈등은 우리의 근원에서 멀어질 때 발생한다. 자아는 분리에 대한 믿음을 내세워 권한을 나누어주기보다는 무력을 행사하도록 우리를 조정한다. 예수의 말과 노자의 도가 일치하는 예가 또 있다. '평화를 위해 일하는 자에게 축복이 있으니, 그들은 하느님의 자식으로 불릴 것이다'(마태복음 5장 9절)라는 구절이 그것이다.

영화 〈시프트〉의 한 등장인물은 타인과의 일체성에 완전하게 적응하고 있다. 조는 처음에는 자신이 문지기인지, 정원사인지,

아니면 웨이터인지 확신하지 못했다. 하지만 그의 자아가 잘난 체하지 않는 태도를 가진 것만은 분명했다. 그는 침착하고 세심하고 진심에서 우러나는 유쾌한 태도로 리조트를 찾는 모든 손님을 대했다. 의미와 목적이 욕망과 통제에 대한 모든 욕구를 대신한 것이었다. 그는 우리를 하나로 연결하는 일체성을 인식하는 사람에게서 어떤 행동이 우러나오는지 잘 보여준다.

잃어버렸다고 생각한 모든 것들과 하나로 연결된다

자아는 인생의 아침을 보내는 동안 우리가 인생에서 잃어버린 모든 것들과 분리되어 있으며, 자신의 욕망을 따라가야 한다고 주장한다. 싸우고 노력하고 투쟁하고 열심히 일하고 야망을 좇으며 인생을 살 것을 요구한다. 그래야 주변 사람들이 성공이라고 생각하는 것을 얻을 수 있다고 설득한다. 우리는 우리가 분리되었다는 믿음에 사로잡힌 채, 그런 분리성 때문에 무언가를 잃고 있다는 결론을 내린다.

하지만 우리는 분리의 개념이 전혀 없는 일원적인 곳에서 왔다. 우리의 근원은 우리와 모든 것들이 하나임을 조용히 일깨운다. 우리는 잃어버리고 있다고 생각하는 것들과 하나로 연결되어 있다. 그러다 우리는 자아에게 익숙하지 않은 것으로 변화하거나 되돌아간다.

《도덕경》은 대도가 무소부재, 곧 존재하지 않는 곳이 없다는 사실을 깨우쳐준다. 예수는 이렇게 말한다.

> 하느님의 나라는 너희 한가운데 있다. _누가복음 17장 21절

반면에 자아는 우리의 감각으로 이해할 수 없는 모든 것들과의 차이를 분리로 정의한다.

우리의 근원과 다시 연결되기 위해 되돌아가는 여행은 모든 곳으로 흐르는 도와 더불어 생각하고 행동하는 특징을 갖고 있다. 도는 하늘처럼 모든 창조물들을 덮고 있지만 그들을 지배하지는 않는다. 만물은 집과 같은 도로 돌아가지만, 도는 그들을 거느리지 않는다. 우리가 도의 방향으로 움직일 때 부족이나 결핍은 존재하지 않는다. 지금 가진 모든 것에 만족하고 감사하게 된다.

우리를 창조한 지혜를 신뢰하기 시작한다
자아는 우리의 신성을 믿지 못하도록 계속 방해하며 우리가 신

과 분리되어 있다고 주장한다. 그러나 우리는 신에게서 떼어놓을 수 없는 조각이다. '나와 하느님은 하나다'라는 예수의 가르침을 믿는다면 자아는 필요가 없어진다.

'고향'으로 돌아가는 여행을 시작하면 우리와 신성이 분리되어 있다는 믿음을 버리지 않는 것이 얼마나 어리석은지 깨닫는다. 우리가 우울하고 가끔 괴팍하기도 한 신에게 삶의 자양분을 갈구하는 소심한 피조물이 아니라는 것을 안다. 그리고 노자가 묘사한 바와 같이 '몸과 영혼을 가져와 하나로 끌어안는' 우리 자신을 바라보기 시작한다. 물질적인 자아의 시선을 거두면 더는 우리 자신과 신을 분리된 존재로 보지 않는다.

우리는 우리의 근원과 하나가 되면서 더욱 신과 같이 생각하고 사고하는 가운데 변화의 과정을 시작한다. 그리고 정신과학의 거장인 토머스 트로워드가 쓴 글을 이해하는 데 필요한 지혜를 습득한다.

창조하는 신과 같은 사고로 생각한다면 창조하는 신과 똑같은 힘을 지닌다.

이것은 자아와는 정반대의 개념이다. 우리의 참모습인 전체성, 일체성은 우리를 창조한 지혜를 믿기 시작할 때 드러난다.

인생의 방향을 바꿀 때 예상해야 할 것

새로운 모든 것들과 마찬가지로 인생의 아침에서 오후를 거쳐 밤으로 전환하면 놀라운 상황이 발생한다. 욕망에서 의미로 향하는 이 새로운 방향 전환에는 예기치 않은 사건이 따르기 마련이다.

나는 내가 거쳐 온 모든 정신적인 발전에는 추락이 앞섰다는 사실을 깨달았다. 실제로 커다란 전환 앞에 일종의 추락이 있는 것은 우주의 법칙이랄 수 있다.

추락은 자아가 한 사람의 인생에 얼마나 큰 영향을 줄 수 있는지 보여주는 당혹스러운 사건이다. 나의 경우에는 술과의 인연을 끊으려고 노력할 때 그런 일이 일어났다. 그것은 사고, 열심히 일해서 모은 것들을 깡그리 무너뜨리는 화재, 질병, 금이 간 대인관계, 깊은 슬픔에 빠지게 하는 죽음이나 상해, 유기, 심각한 중독, 사업 실패, 파산 같은 형태로 오기도 한다. 실제로 이런 추락들은 자아에게 이끌려 다니는 인생에서 의미로 가득한 인생으로 전환하기 위해 필요한 에너지를 공급한다.

고등학생 시절, 나는 육상부 높이뛰기 선수였다. 가로막대 위로 내 몸을 띄워 올리려면 최대한 몸을 낮추고 구름판을 디뎌야 했다. 나는 그렇게 상체를 숙이면서 막대를 넘을 수 있는 높이로 내 몸을 띄워 올리기 위해 필요한 자세를 머릿속으로 그려보았다. 그 상황은 변화에 앞서 발생하는 일을 상징한다. 몸을 낮춘다는 것은 그 만큼 인생의 방향을 바꾸기 위해 필요한 에너지를 얻을 수 있다는 것을 의미한다.

모든 추락은 더 높은 곳으로 우리를 데려갈 잠재력을 갖고 있다. 그래서 자아의 단단한 손아귀에서 벗어나려면 영혼의 어두운 밤 속으로 떨어져 잔뜩 웅크리고 더러워져야 하는지도 모른다. '모든 불행 속에 행운이 숨어 있다'는 도덕경의 구절은 인생에서 추락을 경험하는 것의 가치를 잘 말해준다. 특별한 불행이 없으면 행운을 만날 수 없다.

20세기 최고의 정신의학자이자 호스피스운동의 선구자인 엘리자베스 퀴블러 로스는 이런 말로 그런 사건들을 자연이 하는 일의 범주에 넣는다.

폭풍우로부터 협곡을 보호한다면 결코 그것이 만든 조각품의 아름다움을 볼 수 없다.[2)]

인생의 폭풍우는 잠재적으로 의미심장한 사건이며, 우리는 그것들을 발판으로 더 높은 곳으로 우리의 몸을 띄워 올릴 수 있다. 따라서 우리가 인생에서 계획한 의미가 크면 클수록 앞으로 맞이할 추락은 더 힘난할 수 있다.

나는 경미한 심장마비를 앓은 덕분에 다른 사람들의 고통을 더욱 세심하게 살피게 되었다. 어린 시절에 양부모의 집을 옮겨 다니면서 자립심을 배웠고 결국 자립을 가르치는 사람이 되었다. 아내와 슬프고 고통스러운 별거를 한 끝에 더 동정적인 마음으로 글을 쓸 수 있게 되었다.

나는 큰일을 하려고 이곳에 왔다. 그래서 고난과 추락이 아주 클 때도 놀라지 않는다. 아무리 큰 시련이 닥쳐도 조금 더 높은 영적인 수준으로 성장할 기회라고 생각하며 원망이나 복수가 아닌 감사하는 마음을 품는다.

나는 다음과 같은 루미의 생각을 절대적으로 신봉하는데, 내가 근본적인 진리라고 믿는 것이 이 글에 드러나 있다.

영적인 길은 육신을 파괴한 뒤에
결국은 건강하게 회복시킨다.
그것은 집을 무너뜨려 보물을 꺼내고
그 보물로 예전보다 더 좋은 집을 짓는다.[3)]

내가 방향을 바꾸고 욕망에서 의미로 전환한 과정을 돌아보니 저 이야기는 바로 나의 경험이었다. 추락은 나의 '집'이 무너지지 않았다면 사용할 수 없었을 내 안의 보물을 끄집어냈다. 그런 인생의 폭풍우는 수많은 독자와 청취자들이 고맙다고 말하는 작업의 형태를 구상하는 데 도움이 되었다.

영화 〈시프트〉의 등장인물들도 더 의미 있는 인생으로 전환하기에 앞서 '자아 발굴'을 경험했다. 영화 제작자 데이비드는 성공하겠다는 꿈을 무너뜨린 충격을 감당하느라 언제 주저앉을지 모른다. CEO인 채드는 임신한 아내가 불같이 화를 내자 자아의 입지를 지키느라 결혼생활을 위험에 빠뜨린다. 그리고 아들 둘을 둔 퀸과 제이슨 부부가 있다. 제이슨은 화가로서 자아실현을 하는 아내 퀸을 돕기 위해 임시 가정부가 되는 문제로 고민한다. 크든 작든 이 모든 추락들은 개인의 의식을 의미와 목적을 중시하는 곳으로 끌어올릴 전환의 계기가 될 수 있는 경험이다.

자아의 요소들은 우리의 근원과는 완전히 다른 요구를 한다. 신성은 창조자와 같이 살 집으로 우리를 부른다. 그러나 자아는 그 반대 반향으로 빠르게 움직인다. 살아 있는 동안 유턴을 하고 인생의 오후를 만끽하고 싶다면 신과 더 친숙해져야 한다.

유턴의 7단계

힌두교 경전인 《바가바드기타(Bhagavad Gita)》에 이런 글이 있다.

> 우리는 자연 세계에 태어난다. 그리고 두 번째 태어나는 곳은 신의 세계다.[4]

자아의 영향력을 없애는 것은 그 두 번째 탄생의 시작이다. 자아를 길들이면서 우리가 가진 고유한 신성의 지지와 도움을 이끌어내는 동안 인생에서 놀라운 우연들이 발생하는 것을 느낀다. 도움을 줄 사람들이 나타날 뿐만 아니라 일정한 길을 더 쉽게 갈 수 있도록 여러 상황이 맞아떨어지며, 예전에는 상상도 하지 못한 돈이 생긴다.

위대한 힌두교 사상가인 파탄잘리는 이렇게 말했다.

잠자고 있던 힘과 능력, 재능이 깨어나면서 자신이 여태 꿈도 꾸지 못한 대단한 사람이라는 것을 깨닫는다.

우리가 자아의 지배를 받지 않는 신성한 마음으로 이동할 때 무슨 일이 일어나는지 설명하는 말이다. 예전에는 없는 것 같았던 것이 갑자기 살아나는 것은, 인생의 방향을 뒤바꾸고 자신이 향할 곳을 깨달은 결과다.

자아의 영향을 없애려고 할 때 가장 중요한 것은 자신이 준비되었음을 보여주는 것이다. '학생이 준비되어 있을 때 스승이 나타난다'는 속담이 있다. 스승과 가르침은 늘 우리 곁에 머문다. 그러나 자아가 지휘권을 갖고 있을 때는 그런 스승들이 눈에 띄지 않는다. 우리가 목적을 갖고 의미로 가득한 인생을 살려는 의지를 진심으로 갖게 되면 그때부터는 할 일이 거의 없다. 자아가 지휘하는 인격체로서 경험하는 것과는 다른 세상에서 살기 시작한다. 내가 여러 번 쓰고 말했듯이 '사물을 바라보는 방식을 바꿀 때 우리가 보는 사물이 달라진다'는 것이다.

자아가 유턴을 하고 우리가 온 장소를 향할 때 벌어지는 일들을 간단히 정리하면 다음과 같다.

1. 내면의 역량이 커진다

자아가 지배하는 우리는 항상 외적인 힘에 집중했다. 그러나 신성을 향해 움직이는 동안 외적인 상황이나 다른 사람들에게 영향을 미치려는 자아의 욕구가 자기 내면의 힘을 기르려는 의지로 바뀐다. 우리는 자아의 끝없는 전투를 중단시키고 의미로 전환한다. 의식적으로 애정 어린 호기심을 갖고 자신의 내면을 가장 소중하게 돌보는 태도를 갖게 된다. 자기주장을 제기하거나 남을 통제하려 하지 않고 아예 간섭하지 않는다.

2. 타인과의 유대를 느낀다

자아는 남과 분리되고 동떨어져 있어서 자신이 독립적인 존재라고 생각한다. 우리가 신성으로 되돌아가면 타인과 유대감을 느낀다. 의미 있는 인생의 본질은 신과 같이 생각하는 것이며, 모든 생명을 창조한 근원이 그런 것처럼 모든 생명에 대한 책임감을 느낀다. 우리는 모두 동일한 근원을 공유하고 같은 운명을 갖고 있다. 우리 자신을 사람들로 이루어진 전체의 일부로 보면 어느 누구와 싸우고 싶은 마음이 사라진다.

3. 도덕, 평화, 생활의 질을 통해 동기를 얻는다

자아는 외적인 성취, 성과, 결과를 통해 동기를 얻는다. 그러나 신성으로 되돌아갈 때는 내적인 활동으로 초점이 바뀐다. 의미 있는 인생을 살 준비를 하려면 평화를 느끼고 정직해지고 이웃을 돕는 것처럼 태도에서의 변화가 필요하다.

4. 인생의 기적을 기대한다

만물을 생겨나게 한 신성으로 옮겨가는 동안 인생을 과학적인 인과관계로 해석하려는 자아의 태도가 약해진다. 신비하고 불가해한 존재를 인정하고 자신의 감각보다는 직관적인 앎에 훨씬 더 의존함으로써 회의적인 태도를 버린다.

5. 명상 수행을 추구한다

자아는 명상 수행을 피하며, 시간 낭비라고 비웃거나 더 나쁘게는 미친 짓이라고 비난하기도 한다. 우리가 존재의 근원으로 전환하면 의미 있는 삶의 당연한 요소인 신성과 의식적으로 접촉하기 위해 침묵을 구한다.

6. 자신이 아름답고 정교한 자연의 일부임을 인정한다

자아는 자연의 아름다움을 생각하는 일에는 거의 관심이 없다. 신성을 향해 다시 돌아가는 여행을 하는 동안 자연에서 일어나는 기적들에 끝없는 관심을 쏟게 된다.

우주에 영향과 힘을 행사하는 것보다 우주와 더불어 살아가려는 성향이 더 커진다.

7. 비판이 줄고 이해와 용서가 늘어난다

자아는 요지부동이다. 복수에 대한 의지가 얼마나 중요한지 끝없이 강조한다. 복수, 응징, 앙갚음을 계획하고 실천하다보면 목적과 의미 있는 인생을 살지 못하게 된다. 근원으로의 전환은 용서를 실천할 기회를 준다. 자신의 잣대로 남을 평가하지 말아야 한다는 의식이 생기고 평가를 할 대상은 바로 우리 자신이라고 생각하게 된다.

'자아의 욕망'과 '의미 있는 인생'을 살고 싶은 욕구를 구분하는 차이는 일곱 가지가 아니라 수십 배로도 쉽게 늘어날 수 있다. 근본적으로, 의미의 인생으로 전환하는 과정은 영적인 시각에서 웅장하고 신비로운 이 우주 안에서 각자 어떤 역할을 해야 할지 곰곰이 생각해보는 행위도 포함한다.

우리는 의미와 목적을 좇으려는 자신의 열망을 인정하고 자아를 통해서는 그런 열망을 충족할 수 없다는 것을 깨닫는다. 우리가 개인적으로 연결되어 있거나 말거나 거짓 자신, 곧 자아로부터는 진정성을 얻을 수 없다.

이런 내용은 영화 〈시프트〉에서 데이비드, 채드, 퀸이 펼치는 재미있는 이야기를 통해 잘 설명되어 있다. 그들은 자아가 활개를 치는 인생에서 욕망이 그런 것처럼 끝없이 버둥거리며 사는 것에 회의를 느낀다. 영화 속 세 등장인물이 열심히 노력하는데도 원하는 목적지에 도착하지 못하는 각자의 처지에 염증을 느끼면서 자아는 영향력을 잃는다. 그리고 마침내 의미로 전환하고 '도착'의 기쁨을 발견한다.

우리가 전환의 시작에 있음을 말해주는 신호가 있다. 영화의 세 등장인물처럼 끝없이 노력하는데도 목적지에 도착하지 못하는 데서 오는 염증에 지친다는 것이다. 이러한 신호를 통해 우리가 각성의 순간을 깨닫고 느낄 때 세상에 대한 시각이 바뀌기 시작한다.

각성의 순간이 인생을 뒤바꾼다

나는 영화에서 각성의 순간에 대해 이야기한다. 더불어 인생에 대한 깨달음을 통해 전환을 경험한 수천 명의 사람들이 그런 순간에 대해 증언했다는 사실도 언급한다. 그들은 자아가 주도하는 인생관을 영적으로 조화를 이룬 인생관으로 바꾸고 더 참된 존재가 되었다.

참된 자신에게로 우리를 인도할 가능성을 가진 각성의 순간은 네 가지의 특징을 가지고 있다. 윌리엄 R. 밀러와 자넷 체드바카는 《찰나의 변화: 하나님의 계시와 순간적인 통찰이 일상을 바꿀 때》라는 책에서 이렇게 말한다.

> 찰나의 변화는 생기 넘치고 놀랍고 평화롭고 지속적인 개인의 변혁이다.

욕망에서 의미로 전환하는 찰나의 특징들을 나의 해석을 덧붙여 정리해보았다.

1. 놀랍다

놀랄 것을 미리 계획한다면 터무니없는 말로 들릴지도 모른다. 누구나 각성의 순간은 예상과 예측이 불가능하고 갑작스럽게 찾아온다고 말한다. 우리는 한꺼번에 밀어닥치는 우연과 희열에 화들짝 놀란다. 넋이 나가고 온몸이 얼어붙은 것 같은 기분이 든다. 우리는 준비된 학생이 되고 실제로 스승이 나타난다. 하지만 그런 순간은 흔히 추락 이후에 온다.

앞부분에서 나는 영적인 성장에 앞서 찾아오는 추락에 대해 설명했다. 우주는 그렇게 움직이며 내가 직접 체험한 많은 예가 있다. 특히 알코올 중독을 극복하겠다는 마지막 결심을 했을 때 맞은 각성의 순간에는 정말 놀랐다.

그 특별한 날, 나는 새벽 4시 7분에 잠을 깼다. 방 안에서 어떤 목소리가 들리고 연한 장미꽃 향기가 나는 것 같았고 어떤 신성한 에너지에 갇혀 있는 듯한 기분이 들었다. 문이 닫혀 있었지만 바람이 가볍게 부는 것도 같았다. 나는 옴짝달싹도 하지 못했다. 온

몸에 소름이 돋았고 그 순간의 상황에 무척 놀랐다. 그 목소리는 '술을 끊을 수 있으며 그렇게 하는 것이 어렵지 않다'고 말했다.

20년이 지난 지금, 나는 내가 들은 말이 100퍼센트 진실이었다고 털어놓을 수 있다. 그 이후로 다시는 내 인생에 술을 끼워 넣고 싶은 유혹을 느끼지 않았기 때문이다. 그 일은 무척 놀라운 사건이었다. 그리고 오랫동안 신성이 있는 곳으로 전환하는 과정을 거치면서 나를 더 영적인 의식으로 이끌어주는 흥미롭고 놀라운 순간들을 계속 경험했다.

2. 생생하다

인생을 뒤바꾸는 각성의 순간은 지극히 강렬하다는 특징도 갖고 있다. 나는 지금도 술을 끊게 해준 눈부신 순간의 세세한 부분까지 모조리 기억할 수 있다. 침대 위의 이불, 옷장 문에 걸린 옷들, 서랍장 위에 놓인 거울에 테이프로 붙여놓은 조그만 만화 조각, 바닥의 동전통, 벽 색깔, 침대 머리판의 긁힌 자국……

20년이 지난 지금도 오늘인 것처럼 생생하다. 영적인 존재는 부름의 순간에 사건 전체를 강조하려고 느낌표를 찍는 것 같다. 그 생생함은 영원히 우리 곁에 머문다.

3. 평화롭다

각성의 순간의 세 번째 특징은 평화롭다는 것이다. 예를 들어, 앞에서 말한 이른 아침은 내가 그동안 경험한 가장 평화롭고 축복어린 시간들 중 하나였다. 나를 감싼 편안함은 진정으로 사랑과 은혜를 베푸는 창조자의 품에 안긴 듯한 기분을 느끼게 했다.

여러 해 동안 나는 저녁마다 맥주 몇 잔에 의존하는 습관에 대해 고민하고 있었다. 그리고 저녁에 맥주를 안 마신 날을 떠올려 보려고 했는데 십년 혹은 그 이상의 세월 동안 그런 날이 단 하루도 없는 것 같았다. 나는 만취한 경험이나 술로 나 자신이나 다른 사람을 위험에 빠뜨린 적이 없기 때문에 중독은 아니라고 애써 믿었다. 하지만 내 마음속 진실한 곳에서는 내가 맥주 마시는 행위에 의존하고 있고 그것이 내 인생에 상당한 위협을 가하고 있다는 것을 알고 있었다. 그럼에도 추락과 각성의 순간을 맞을 때까지 진실에 저항했던 것이다.

지금까지도 나는 어떤 존재인지는 몰라도 그 이른 아침의 조우를 내 인생에서 가장 황홀하고 평화로운 순간들 중 하나로 꼽는다. 각성의 순간, 마음이 한없이 너그러워지는 경험은 자아의 욕망이 의미로 바뀐 완벽한 신세계로 나를 전환시켰다.

4. 지속적이다

각성의 순간이 가진 네 번째 특징은 절대 사라지지 않는다는 점이다. 나의 경우 사라지지 않는 진실은, 30년째 철저한 금주를 하고 있다는 사실이다. 예전처럼 맥주를 마시는 습관을 버리지 않았다면 오래 살지도 못했을 뿐만 아니라 지금 독자들에게 이런 글을 쓸 수도 없었을 것이다.

자아의 욕망보다 의미를 생각하기 위해 인생을 되돌리는 과정에서 우리는 이처럼 놀랍고 생생하고 평화롭고 지속적인 각성의 순간을 경험한다. 그 순간은 잊히지 않는 생생한 영상으로 우리의 의식에 깊이 각인된다. 그 순간이 마음속을 흐르는 따뜻한 샤워 물 같다는 이야기를 어떤 사람으로부터 들은 적이 있다. 평화로운 그 기억은 영원히 계속된다.

각성, 그 이후의 삶

나의 초창기 책들은 오로지 독자들이 상식적인 방법으로 문제를 잘 해결하는 데 도움이 되는 심리적인 도구에만 집중되었다. 나 개인의 출판 역사상 첫 15년 동안에는 신이나 더 높은 자아에 관한 언급이 전혀 없다. 요즘은 나의 가치관과 글이 인생과 작가 경력의 후반부에 자리 잡은 욕망에서 의미로의 변화를 다룬다.

인생의 아침에 짜둔 계획에 따라 인생의 오후를 살려고 노력했다면 칼 융이 본 장의 서두에 인용된 마지막 문장에서 지적하듯이 거짓된 삶을 살았을 것이다.

각성의 순간을 맞이하기 전까지 나의 자아는 아주 광범위하게 내 인생을 쥐락펴락했다. 어쩌면 나는 《찰나의 변화》에 보고된 연구에 참여한 남녀와 같은 반응을 보였을지도 모른다. 저자들은 각성의 순간이 삶에 어떤 영향을 미쳤는가 하는 질문에 대한 답을 듣고 '개인의 가치관이 뒤바뀐 예가 많다'는 결론을 내렸다.

남성 참여자들의 경우 각성의 순간을 만나기 전에 가장 우선시한 다섯 가지 가치는 '부' '모험' '성취' '쾌락' '존중받는 것'이었다. 나는 그것들을 욕망에서 의미로 전환하기 전인 '아침'의 가치로 해석한다. 여기에는 자신이 의도적으로 판단한 요소가 전혀 없다. 그저 자아가 성공에 중요하니 꼭 필요하다고 믿으라고 부추긴 것들일 뿐이다.

남자들은 어릴 때부터 자기가 할 일은 돈을 버는 것이고 얼마나 많은 돈을 모으느냐에 따라 그 사람의 가치가 정해진다고 배운다. 자아를 강조하는 사회에서 성장한 남자는 늘 비슷한 가치관을 말한다. 남자는 돈을 모으고, 모험을 하고, 무슨 수를 써서라도 성공하고 모든 면에서, 특히 성행위에서 최고가 되어 쾌락을 추구해야 한다고 믿는다. '내가 먼저' '나만 즐거우면 뭐든 괜찮아'라는 가치를 배운다. 존중받고 싶은 욕구는 남성이 주도하는 전쟁으로 폐허가 된 세계에서 발생하는 갈등의 중요 원인이다.

바로 그런 남자들(나도 그들 속에 포함시켜서)이 각성의 순간을 맞은 뒤에 최고의 가치로 꼽는 것은 〈시프트〉에서 전달하는 메시지 중 하나다. 그들의 최우선순위는 인생의 아침을 보내고 있을 때는 전혀 생각하지 않았던 '영성'이라는 가치다. 그렇다. 인생의 오후를 향해 출발한 뒤에는 영성이 최고의 가치가 된다. 《찰나의 변화》는 남성 피실험자들이 가장 가치를 둔 다섯 가지 인성은 영성, 개인의 평화, 가족, 신의 의지, 그리고 정직성이었다고 밝힌다.

각성의 순간이 왜 인생을 뒤바꾸는 것인지 이해하는 것은 어렵지 않다. 그것은 자아의 호소로부터 멀어지고 평화, 가족, 사랑, 개인의 정직성 등 신이 구현한 인생을 열망하는 쪽으로 완전하게 전환하는 계기가 된다.

여성의 경우에는 자아가 이끄는 아침의 메시지로부터 전환하는 것은 어느 모로 보나 매혹적이다. 그들은 각성의 순간을 맞이하기 이전에 어떤 가치를 가장 중요하게 생각했느냐는 질문을 받으면 '가족'이라고 대답했다. 여성들이 어머니와 딸, 아내라는 것이 다른 모든 것을 우선한다고 믿도록 프로그램 되어 있다는 사실을 감안하면 그리 놀라운 일도 아니다. 그렇다고 어머니, 딸, 자매, 할머니의 역할을 폄하하려는 것은 아니다. 그보다는 모든 여성에게는 각자의 운명이 있다고 말하는 편이 낫다. 하지만 그들은 개인의 운명을 가족에 대한 역할보다 덜 중요한 위치로 내려놓는 경우가 많다.

각성의 순간을 맞이하기 전에 여성들이 중요하게 생각하는 그 다음 순위의 가치는 '독립성' '직업' '사교성' '매력'이었다. 이런 태도는 영화에서 사라가 여성이 경험하는 갈등을 묘사할 때 극적으로 밝혀졌다. 그들은 좋은 어머니가 되기를 바라지만 독립성과 일을 최고의 가치로 생각했다. 더욱이 깨달음이라는 경험보다 '사교성'과 '매력'을 아주 높은 순위에 올려놓았다. 그러나 각성의 순간에 놀라운 경험을 하며 인생의 오후로 전환한 뒤에는 자신들의 가치관이 완전히 달라졌다고 말한다.

《찰나의 변화》에 따르면 각성의 순간을 맞은 이후에 무엇을 가장 중요하게 생각하게 되었느냐는 질문에 대한 답으로 '개인적인 성장'이 가장 많이 나왔다고 한다. 그리고 '자존감' '영성' '행복' '관용'이 그 뒤를 이었다. 이 다섯 가지는 여성의 인생에서 아침에는 전혀 입에 오르내리지 않은 것들이다.

연구는 여성들이 영적인 본성을 의식할수록 자신에 대한 생각이 많이 바뀌기 시작했다고 보고했다. 예전에는 영성과 자존감 같은 것들은 중요한 가치로 여겨지지 않았다. 그러나 각성의 순간 이후로 그들은 완전히 새로운 가치를 얻어 새로운 방향, 곧 인생의 의미가 있는 오후를 향해 움직인 것이다.

본 장의 제목인 '어디로'는 전환을 향해 마음을 열 때 향하게 되는 새로운 인생의 방향을 상징한다. 이제 도입부에 인용한 칼 융의 글 중 마지막 부분과 함께 마무리해야 할 것 같다. '왜냐하면 아침에 위대했던 것이 저녁에는 미미해지고, 아침에 진실했던 것이 저녁에는 거짓이 되기 때문이다.'

우리의 인생과 우리가 영향을 주는 사람들의 인생은 그릇된 자신을 버리고 인생의 오후와 저녁으로 돌아설 때 모든 거짓에서 완전히 벗어난다. 이것은 '의미로'라는 제목이 붙은 마지막 4장의 주제이기도 하다.

4장. 의미로
Meaning

삶 자체를 초월하는 목표를 추구하지 않고
타인에게 소중하지 않은 삶은 아무런 의미가 없다.

_아브라함 요수아 헤셀

이제 우리는 공교롭게도 처음 출발한 장소와 똑같은 곳으로 밝혀진 끝에 와 있다. 욕망에서 의미로 가는 여행에서 우리의 목표는 우리가 출발한 장소로 돌아가 T. S. 엘리엇의 말처럼 '처음으로 그곳을 아는 것(know the place for the first time)'이었다.

우리는 목적과 의미가 있는 무형의 장소에서 왔다. 태어나면서부터 자아로 알려진 그릇된 자신을 갖고 있었고 욕심 가득한 자아의 갈망을 만족시키느라 발버둥 치며 인생의 한 시기를 보냈다. 그런 다음 방향을 바꾸고 다시 고향을 향해 가기 시작했다. 이제 우리는 의미 있는 인생의 오후에 도착했다. 2장에서 인용한 임마누엘의 글을 다시 보자. 우리는 바로 이런 곳에 와 있다.

너의 머리는 그 길을 모르지만
너의 가슴은 처음부터 그곳에 있었다.
너의 영혼은 그곳을 떠난 적이 없다.
집으로 돌아온 것을 환영한다.

집에 도착하고 나면 우리가 들이마시는 호흡 하나하나가 목적 있는 삶의 표현이다. 남을 이기고, 인정을 받고, 남의 기대를 채워주고, 자신의 인생에 대한 다른 사람의 평가에 연연하고, 물질을 얻거나 비축하거나 성공하려고 애쓰지 않는다. 갈등과 확신, 자기 의견을 주장하고 싸우고 지배하고 승리하는 행위, 그리고 우월감을 내려놓는다. 의미가 환영하는 집에 도착하면 자아가 만들어놓은 그 모든 것들이 힘과 매력을 잃는다.

오래 전에 내 친구 람 다스와 이야기를 나눈 뒤에 이런 글을 쓴 적이 있다.

나는 평생 대단한 인물이 되고 싶었다.
그리고 마침내 그런 사람이 되었다.
하지만 그건 내가 아니다.

나는 자아의 힘, 눈부신 성공, 부의 축적, 그리고 집안을 가득 장식한 상패 같은 것들로 모든 사람들의 존경을 한 몸에 받는 그런 사람이 되고 싶었다. 하지만 결국 그건 내가 아니라는 사실을 깨닫게 되었다. 하지만 내게는 여전히 자아의 요소들이 깊이 뿌리박혀 있어 '난 내 운명에 순응하며 살고 있어. 나는 목적을 갖고 있고 내 인생은 의미가 있어'라고 진심으로 말할 수 있기까지는 갈 길이 멀었다.

이 장을 시작하며 인용한 아브라함 헤셀의 글은 우리가 무엇을 잃고 있는지 잘 말해준다. 그는, 한 사람의 인생이 '삶 자체를 초월하는 목표를 추구하지 않고 타인에게 소중하지 않다면' 아무런 의미가 없다고 지적한다. 내가 되고 싶은 사람, 그리고 남들이 말하는 현실의 나는 진짜 내가 아니었다.

나는 이 책을 읽는 독자들과 다른 모든 사람들처럼 빈손으로 이 세상에 왔다. 그리고 빈손으로 이 세상을 떠날 것이다. 그렇다면 어떤 결론을 내리는 게 바람직할까? 내가 성취하거나 축적한 그 무엇도 영원히 내 것이 되지는 않는다. 그러니 인생에서 할 수 있는 일이란 그것들을 버리는 것뿐이다.

내가 진심으로 존경하는 앨버트 슈바이처 박사는 인생에 의미를 부여하는 방법은 물질적인 인식이 아닌 영적인 인식으로 의식을 끌어올리는 것이라고 말한다. 신처럼 생각하는 법을 배우는 것이다. 이는 내가 이 책을 통해 줄곧 강조한 바다. 그것은 자아를 떠나 신의 일체성으로 돌아가는 커다란 전환이다. 하지만 그런 신은 그릇된 자아에게는 살아 있으면서도 죽은 존재다.

의미 있는 인생을 위한 준비

그렇다면 자아가 없는 집에서 어떻게 인생을 살아갈까? 독자들도 짐작하겠지만, 노자에게 그 방법을 알려주는 실마리가 있다. 먼저, 그는 지상에서 천국의 기분을 느끼려면 '불멸'이 필요하다고 말한다.

> 불멸을 달성하는 신비의 기술은 이중성, 갈등, 신조 등 매우 세속적인 영역에 매인 모든 것을 풀어본 사람들의 눈에만 보인다. 얄팍하고 세속적인 욕심이 존재하는 한 그 문은 열리지 않는다.[1]

그 작업을 시작하지 않는다면, 다시 말해 자아의 불만을 계속

지니고 있다면 불멸로 가는 문은 열리지 않을 것이다. 의미의 인생을 살려면 자아를 철저하게 제거하고 노자가 말한 '만물의 세계'에 묶인 끈을 끊어버려야 한다. 그는 이렇게 충고한다.

깊은 깨달음과 무한한 덕의 실천으로
자신의 기운과 신성의 영역을 연결한다면
궁극의 미묘한 진리에 다다른다.[2]

물질세계에 연결된 끈을 풀어 신의 영역에 연결하면 우리 자신을 초월하는 곳으로 가는 안내장을 받을 기회가 생긴다. 하루하루 목적과 의미가 있는 인생이 무엇인지 알게 된다. 그런 삶에는 자아가 끼어들지 못한다. 노자는 2500년 전에 그런 진리를 깨달았으며, 그로부터 500년 뒤에는 예수가 성경의 가르침 속에서 그것을 다시금 일깨웠다. 의미로 가득한 삶은 우리와 자연이 완벽하여 우리와 주변의 모든 사람들, 사물들이 조화를 이루는 것을 축복한다. 그러나 우리가 자아의 특성을 그대로 지니고 있을 때는 그런 조화로운 상태에 도달할 수 없다. 신성과 의미가 있는 삶으로 들어가려면 자신의 삶은 내려놓아야 한다. 자아는 그것이 재앙을 부를 것이라며 쉬지 않고 설득 작전을 벌인다.

  진정한 우리는 궁금해 한다. '어떻게 살아야 할까?' 반대로 자아는 '줘, 달라고, 달란 말이야. 난 더 필요해. 절대 만족 못해'라며 떼를 쓴다. 우리가 자아의 목소리와 하나가 되면 우주는 '줘, 달라고, 달란 말이야'의 에너지와 동일한 경험을 제공한다. 그 에너지는 처음에는 흐릿하지만 집중해서 관찰하면 압박, 불안, 스트레스를 만들어낸다는 것이 확연해진다.

  왜 그럴까? 자아와 하나가 된다는 것은 욕구로 가득한 환경에서 살기로 결심한다는 의미와 같다. 우리는 우리의 진정한 이상과 힘을 뭉치고, 욕구가 없는 곳에서 살 수 있는 선택권을 갖고 있다는 사실을 모르고 있었다. 끌림의 법칙은 두 가지 선택 중 어느 쪽으로도 작용한다.

  우리가 우주로부터 더 많이 요구할수록 우리가 해주어야 할 것도 많아진다. 우리가 더 많은 것을 내어줄수록 우리에게 더 많은 것이 주어진다. 이것은 우리의 내면에서 생성되는 태도의 에너지가 만드는 단순한 문제이다. 끝도 없이 필요한 것을 생각할수록 탐욕의 에너지를 더 많이 끌어당긴다. 그러나 주는 생각을 끝없이 생성할 때는 우리에게 '돌아오는' 에너지를 끌어당긴다.

다시 노자로 돌아가서, 그는 이렇게 말한다.

불멸을 얻고 절대적인 기쁨과 자유를
영원히 경험하는 것은 전적으로 가능하다.
무한한 덕의 실천은 그런 목표를 이루는 수단이다.
친절과 이타심을 실천하면서
자신의 삶과 우주의 방식을 자연스럽게 일치시켜라.[3]

《세상에 마음 주지 마라》는 이런 옛 가르침을 현대적으로 해석한 책이다. 나는 이기적인 자아가 아니라 이타적인 당신의 한 부분을 통해 의미가 발생한다는 사실을 알려주고 싶다. 위의 글에서 노자는 '무한한 덕'을 베푸는 것에 대해 말한다. 그것은 의미 있는 삶의 특징인 자유와 기쁨으로 가는 길이다.

인간의 본성을 구성하는 네 가지 기본 덕목

내가 좋아하는 책 중에 브라이언 워커가 지은 《화호경: 알려지지 않은 노자의 가르침(Hua Hu Ching: The Unknown Teachings of Lao

Tzu》)이란 책이 있다. 책에서 노자는 타고난 인성이 가진 네 가지의 기본 덕목에 대해 언급하고 있다. 이 덕목들은 우리가 육신의 형태로 있는 동안 우주의 진리를 알고 의미의 인생을 달성하고 싶다면 반드시 실천해야 하는 것들이다.

브라이언 워커는 훌륭한 책을 완성했다. 나는 그런 덕목들에 살을 붙여보고자 한다. 지금부터 자세한 설명을 곁들여 그것들을 소개하겠다.

1. 모든 생명에 대한 존중

우리는 처음에는 모든 생명을 존중하는 마음으로 인생을 시작했다가 차츰 자아에 의해 복잡성에 빠져든다.

자아는 우리의 인생에서 즐거움을 끄집어낸다. 어떤 장소를 차지하거나 더 많은 것을 얻으려고 애쓰는 것은 무모한 모험이다. 궁극적으로 우리는 의미를 갈망하면서 우리의 본성이 있는 곳으로 돌아간다. 볼테르가 다음과 같은 생각을 한 것은 분명 그런 회귀에 자극을 받았기 때문일 것이다.

인간은 항상 단순한 것에서 출발해서 복잡한 것으로 옮아가며,

결국 큰 깨달음을 통해 단순한 것으로 되돌아간다. 이는 인간의 지성이 거치는 과정이다.[4]

우리는 '근원'으로 돌아갈 때 경이로움을 느끼며 에너지를 얻는다. 신비로운 것을 피하지 않고 기꺼이 받아들이고, 단순한 활동에서 새로운 즐거움을 찾는다. 남에게 자기 자신이 아닌 다른 누군가가 되어주기를 바라는 일을 더는 하지 않는다. 인생에서 의미의 단계를 거치는 동안 자아가 억지로 떠맡기는 복잡성을 버린다.

그리고 흔히 자연에서 발견하는, 가슴 설레는 경이를 숭배한다. 윙윙 불어대는 바람소리를 들으며, 사납게 휘몰아치는 폭풍을 응시하며, 꽃가루를 옮기며 날아다니는 꿀벌과 나비들을 눈으로 좇으며 새로운 기쁨을 경험한다.

첫 번째 기본 덕목은 우리 자신과 다른 존재들에 대한 무조건적인 사랑과 존중으로 나타난다. 모든 생명을 존중할 때 누군가를 간섭하거나 지배하거나 통제하려는 욕구가 사라진다.

우리는 시인 로버트 프로스트의 달콤한 말들을 좋아한다.

우리는 사물을 있는 그대로 사랑한다.

우리는 이 첫 번째 덕목을 실천할 때 사람들(혹은 다른 어떤 것들)에게 우리의 기대에 따라 살 것을 요구하지(자아가 좋아하는 방식) 않는다.

시내에 가장 높은 건물을 갖는 방법은 두 가지가 있다. 하나는 자아의 방식으로, 가장 높은 건물을 가질 때까지 주위의 다른 건물들을 무너뜨리는 것이다. 이 방법의 문제는 끝없는 갈등을 유발한다는 것이다. 사람들은 자신의 업적이 파괴되거나 줄어드는 것을 싫어한다. 분노는 그 첫 번째 반응이다. 그리고 무력이 뒤따르는데 이는 맞대응을 낳는다. 그 다음에는 전면전이 발생한다. 이처럼 자아는 타인의 성과를 존중하거나 좋아하지 않으며 오로지 자신의 우월성을 드러내려고 경쟁하고 승리한다. 항상 누군가를 경계하며 맨 꼭대기에 올라서려는 무모한 시도를 서슴지 않는다.

시내에서 가장 높은 건물을 갖는 두 번째 방법은 신의 방식으로, 욕망을 누르고 의미를 부여하는 방법이다. 자신의 건물에 열정을 다하고 마찬가지로 그와 같은 타인의 노력을 존중하는 것이다. 굳이 경쟁하거나 승리할 필요가 없다. 늘 대항하는 힘을 초래하는 무력도 없다.

모든 생명에 대한 존중은 신의 모든 창조물, 행성, 우주를 사랑하고 받드는 것을 의미한다. 이 첫 번째 덕목을 실천하는 사람은 세상과 더불어 평화롭다. 의미의 단계에 접어들면 투쟁하며 사는 대신 있는 그대로의 자신으로 존재하고 대도에 따라 살게 된다.

2. 본연의 정직성

두 번째 기본 덕목은 일상에서 실천하는 정직에 관한 것이다. 반드시 규칙을 어기면 안 된다는 것보다는 진정성이라는 특성을 가진 자기 존재를 즐기라는 것이다.

자아가 이끄는 욕망의 단계에서는 거짓되고 진정하지 않은 우리 자신이 주도권을 쥐고 있다. 그럴 때 우리는 끌어모으고 성취하고 인정받고 타인과의 분리를 강조하여 우월감을 드러내는 것을 자신의 참모습이라고 생각한다. 자신의 진정한 모습이 아닌 다른 누군가가 되려고 노력한다면 본연의 정직성에 도달하기 어렵다. 그럴 때는 자아가 모든 것을 쥐고 흔들고 있다.

윌리엄 셰익스피어는 《햄릿》에서 이렇게 말한다.

> 하느님이 한 가지 얼굴을 주셨는데 당신이 그걸 다른 얼굴로 만들어버린다.

자아가 원하는 모습에 맞추려고 자신의 '얼굴'을 바꾸면 타고난 그대로 진실할 수 있는 능력을 잃어버린다. 그런 진실은 자신이 어떻게 보일까 두려워하거나 걱정하지 않고 남에게 나설 때 드러난다. 당신의 말과 행동은 기본적으로 이런 메시지를 보낸다. '이게 바로 나입니다. 나는 절대 침묵으로 끝나지 않을 운명을 실현하라는 내면의 부름을 받고 이 세상에 왔어요.'

아동문학 작가인 닥터 수스가 쓴 자극적인 글귀는 두 번째 기본 덕목의 의미를 강조한다.

> 생긴 대로 존재하고, 느낀 대로 말해라. 그것을 문제 삼는 사람은 중요하지 않고, 중요한 사람은 그런 것에 개의치 않기 때문이다.

정말 맞는 말이다. 중요한 사람은 상대의 순수한 진실을 전혀 불편하게 여기지 않는다. 오히려 상대가 내면의 목적의식에 충실하고 의미 있는 삶을 살아가는 것을 정말 기뻐한다. 상대가 어떤 곳에 도달하거나 그의 모습과 완전히 다른 누군가가 되려고 버둥거리는 것보다는 조금 더 본연의 자신이 되려고 노력하는 기쁨을 경험하기를 원한다.

나는 안타깝게도 자신의 본성에 따르지 않는 사람들과 자주 대화를 나눈다. 그들은 자기들이 입어야 하는 양복과 넥타이, 지켜야 하는 시간, 함께 일하는 사람들을 혐오하면서 자신의 직업에 대해 느끼는 불행과 불만을 토로한다. 대체로 이런 사람들은 매우 정직하지 못한 생활을 하면서 자신을 정의한다고 믿는 요소들의 지배를 받는다.

물론 그들은 자기들이 정직하냐는 질문을 받으면 그렇다고 주장한다. 하지만 진실을 파헤쳐보면 그들의 삶에서 의미를 찾아볼 수 없는 경우가 많으며 자신에게 지워진 운명을 실현하는 것에 무감각하다.

나는 그런 상황에 있는 사람들에게 타고난 진실성을 강조하는 소로의 말을 깊이 생각해보라고 권한다.

> 자신의 꿈을 향해 당당히 걸어가고 상상했던 삶을 살기 위해 열심히 노력하면 어느새 기대하지 못했던 성공에 이르게 된다.

세상이 무엇을 요구하는지 알려고 하지 말고, 다른 사람들에게 당신이 어떻게 살아야 한다고 생각하는지 묻지 마라. 대신 자신에게 무엇 때문에 숨을 쉴 수 있는지 물어봐라. 세상이 진정으로 요구하는 것은 그 무엇도 아닌 살아 있는 남자와 여자. 세상이 요구하는 것은 다른 사람들의 삶을 더 좋게 만드는 일에 열정을 바치며 사는 사람들이 본래부터 갖고 있었던 진실성이다. 그런 것이 진실의 참모습이다.

나의 보잘 것 없는 의견이지만, 노자가 본연의 정직성이라는 두 번째 기본 덕목을 두고 '가장 믿고 가장 진정한 자신에게 충실하기 위한 정직성과 결의'로 나타나는 것이라고 말했을 때 바로 그런 점을 생각하지 않았을까.

3. 너그러움

의미 있는 삶이 가진 세 번째 덕목은 타인에 대한 친절과 배려이다. 이제 독자들도 다 알겠지만, 그것은 자아의 방식과 거리가 멀다. 그릇된 자아는 분리의식을 갖고 있기 때문에 늘 타인에게 자신의 힘을 휘두를 기회를 노린다. 또 자신이 맺고 있는 모든 관계의 경쟁적인 성격에 위협을 느끼는데, 여기서 힘을 행사하고 싶은 욕구가 발생한다. 결국 자아끼리 충돌을 일으키고 불가피하게 대항하는 힘이 분출된다.

높은 자신(본성)은 분리의 개념을 받아들이지 않으므로 타인에게 위협을 느끼지 않는다. 분리된 기분이 들지 않는 경우, 목적이 분명한 삶을 살고자 하는 소망은 다른 모든 존재들과의 동질감을 형성한다. 이런 유대감은 타인에 대한 연민으로 이어진다. 마침내 우리 본연의 마음으로 돌아오면 세상을 향해 관용, 겸손, 친절을 담은 손을 내밀게 된다.

비폭력 인권운동가인 마틴 루터 킹 박사가 이런 말을 했다.

> 우리는 상호 관계라는 피할 수 없는 그물에 걸린 채 운명이라는 하나의 옷에 묶여 있다. 어느 한 사람에게 직접 영향을 준 것들은 모든 것들에 간접적으로 영향을 준다.

폭력에 집중하는 한 의미를 경험하지 못한다. 남을 정복하고 파괴하려는 생각은 제 아무리 대단한 이유를 갖고 있어도 우리의 본성이 갖고 있는 관용을 실천하지 못하게 한다.

《도덕경》은 우리에게 이렇게 말한다.

무기는 파괴의 목적을 갖고 있으며

현자는 반드시 그것을 막아야 한다.

무기는 죽이는 도구에 그치지 않고 우리가 사용하는 말과 행동을 가리킬 수도 있다. 의미 있는 삶을 사는 데 있어 관용의 중요성을 생각한다면 그것이 어떻게 우리를 일체성으로 이끄는지 알 수 있다. 노자도 예수도 사람들과 공동체 사이에 끈질기게 존재하는 전쟁을 관찰했고 의미와 목적의 삶을 살기 바란다면 우리가 가진 가장 높은 본성을 따르라고 충고했다.

그릇된 자아가 낳은 잔학한 행위로 얼마나 많은 사람들이 죽어갔는가? 대체 그들이 죽은 이유는 무엇이었는가? 영토를 통치하거나 언덕 꼭대기를 차지하거나 왕국을 가로채려는 자에 의해 고대의 수많은 무고한 주민들이 살해당했다. 역사를 쓱 훑어보기만 해도 끊임없이 폭력이 난무했으며, 두 차례의 세계대전을 치른 20세기는 그 어느 때보다도 더 폭력적이었다.

오늘날 우리는 어디에 와 있는가? 마침내 최고의 본성이 시키는 대로 하나가 되어 너불이 살 방법을 찾아냈는가? 천만에. 우리는 무기를 만들어 지하 저장고와 잠수함에 쟁여둔다. 그것들은 앞으로 지구에 올 무수한 생명들을 앗아갈 것이다. 자아의 지시에 따라 행동하는 수많은 사람들이 그런 어리석은 행동을 하고 있다.

우리는 그런 자아의 비뚤어진 욕심에서 벗어나 지구 행성에 사는 우리 모두에게 더욱 의미 있는 존재로 전환해야 한다. 그렇게 해서 친절과 관용을 늘리고 폭력을 줄인다면 평생 동안 전환 이전과 이후의 차이를 느낄 것이다. 우리의 근원과 똑같이 생각하고 행동하면서 마침내 '고향에 도착했다는 기분이 들 것이다. 의미에 바탕을 둔 유쾌한 인생의 진정성을 체험할 것이다.

4. 봉사

우리는 이 네 번째 덕목을 실천하며 본성대로 살아가는 동안 자신이 영원한 지원을 받는다는 사실을 깨닫는다. 자아가 강요하는 욕망을 버리면 특별한 삶을 지원하는 '의미' 속에서 휴식할 수 있다.

봉사는 보상을 받거나 심지어는 고맙다는 말을 듣겠다는 생각 없이 타인에게 봉사하는 것으로 나타난다. 그것은 인생에 목적이 있다는 느낌을 갖기 위한 기본적인 요소다. 또 앨버트 아인슈타인이 창조의 비밀을 벗기고자 한 가장 중요한 동기인, 신처럼 생각하는 법을 배울 수 있는 가장 확실한 방법이다. 우리가 자기 자신을 성스러운 존재, 곧 신의 개별적인 표현으로 본다면 창조의 힘이 어떻게 작동하는지 더욱 이해하고 싶어진다.

'신은 자신의 손으로 과연 무엇을 할까? 신도 특별한 보살핌을 요구할까? 도움을 요청할 때도 있을까? 우리가 자신에게 고마워하기를 바랄까? 그는 자신을 위해 무엇을 준비할까? 자신의 일이 어떻게 평가받느냐를 두고 걱정할까?' 등은 그릇된 자아가 하는 질문들이다. 우리는 그에 답하기 위해 신화와 이야기를 만들어낸다. 그러나 이런 수사적인 질문들에 대한 진정한 답은 이런 것이다. '신이 자신의 손으로 하는 것은 오로지 끝없이 주고 창조하고 베푸는 것, 그것뿐이다.'

이 네 번째 덕목은 우리의 본성과 인생의 목적은 태양과 같다고 말해준다. 우리가 '왜 항상 빛을 주느냐'고 묻는다면 태양은 분명 이렇게 대답할 것이다. '그게 나의 본성이니까.'

우리가 인생을 갖고서 할 수 있는 유일한 일은 그것을 내어주는 것이다. 성취나 획득의 길에 놓인 다른 모든 것들은 인간적인 경험을 가진 영석인 존재라는 우리의 목적에 비추어 볼 때 아무것도 아니다. 우리는 우리가 원하는 것을 끌어당기지 않으며, 단지 우리 자신인 것을 끌어당긴다. 아시스의 성 프란체스코(프란체스코 수도회를 창시한 이탈리아의 수도사_옮긴이)의 기도는 그 점을 분명히 밝힌다. 주는 것은 존재의 근원이 행하는 방식으로 우리를 조정한다. 결과적으로 우주는 우리가 가진 것을 주고 지원하는 본성과 동일한 경험을 제공한다.

앞에서 나는 우리가 보내는 똑같은 진동에너지로 우주가 우리에게 반응하는 과정을 설명했다. '어떻게 도울까?'는 우리가 보냈다가 되돌려 받는 도움의 에너지다. 야심적이고 자기중심적인 욕구가 끌어당기는 물질을 소유해서가 아니라 놀라운 만족을 경험할 때, 우리는 인생에 대한 그러한 접근 방식이 얼마나 아름다운지 깨닫는다. 인생의 의미를 실천하면서 살아간다.

나는 셰익스피어의 《헨리 6세》 3부에 실린 이 대목을 좋아한다.

나의 왕관은 내 머리가 아니라 가슴에 있지.
다이아몬드와 인도의 보석으로 장식되지 않고
눈에 보이지도 않아.
나의 왕관은 만족이라는 이름으로 불려.
여느 왕들은 그다지 좋아하지 않는 왕관이지.

나의 영웅들 중 한 사람은 빈민을 위한 교육과 봉사로 말년을 보낸 마더 테레사다. 언젠가 테레사 수녀가 이런 말을 한 적이 있다.

사랑은 혼자 남아 있어서는 안 된다. 그런 사랑은 아무 의미도 없다. 사랑은 실천되어야 하며, 그 실천은 바로 봉사다.

나는 이 말에 무척 감동을 받았다. 그리고 나 자신에게 봉사하려는 자아의 욕망에서 남에 대한 봉사로 채워진 인생으로 전환했다. 요즘 나는 다양한 방법으로 거의 봉사에 전념하며 살고 있다. 매일 '감사합니다'라는 기도와 함께 하루를 시작하는데, 이것은 내가 일어나자마자 내 입에서 나오는 첫마디이기도 하다. 그러면 남을 위해 봉사하는 삶을 살 수 있는 기회에 대해서, 그리고 내가 받은 모든 것들에 대해 항상 감사하는 마음을 갖게 된다. 시인 루미는 이런 말을 했다.

매일 한 가지 기도만을 해야 한다면 그것이 '감사합니다'가 되게 하라.

나는 하루를 시작하기 전에 다른 사람을 위해 무엇이라도 실천하려고 노력한다. 많은 편지를 받는데 답장과 함께 내가 쓴 책이나 DVD, CD 세트, PBS의 특별 프로그램이 담긴 CD를 보낼 때가 많다. 그리고 그것들이 세상 어딘가에 있는 낯선 누군가의 하루를 밝게 비출 것이라고 생각한다. 우표를 붙일 때는 이 깜짝 소포가 누군가에게 자신을 염려하는 사람들이 있으며, 내가 그들 중 하나라는 마음을 전달할 것이라는 생각에 가슴이 설렌다.

가끔 나는 오랜 독자들이나 청중들 중에서 사랑하는 이를 잃고 슬픔에 빠져 있거나 병원에서 고통을 겪고 있는 사람에게 전화를 한다. 내가 운영하는 공동체의 많은 봉사자들 중 한 사람에게 약간의 돈을 넣은 봉투를 보낼 때도 있다. 여행 중에 호텔에 머물 때는 나를 도와준 종업원들을 찾아서 아무도 모르게 깜짝 선물을 한다. 내가 하는 일들을 일일이 밝혀 인정을 받고 싶은 마음은 결코 없다. 오로지 의미 있는 생활로 전환하는 것이 일상에 어떤 영향을 미치는지 실례를 보여주고 싶었을 뿐이다.

주는 방법은 셀 수도 없이 많다. 자기가 무슨 일을 하느냐는 조금도 중요하지 않다. 우리 자신에 대한 관심을 타인에 대한 관심으로 바꾸는 습관을 들이는 것이 중요하다. 철저한 겸손을 훈련하고 봉사할 다른 사람들을 찾고 자아를 멀리 떨어뜨려 놓아야 한다. 그리고 그런 과정에서 그 어떤 보상도 기대해서는 안 된다.

현재 나는 미니멀리스트(minimalist)다. 자아의 소망과 요구가 생활을 지배하던 때와는 완전히 다르다. 지금은 가진 것을 최대한 줄이는 것에서 커다란 즐거움을 얻는다. 가끔 옷장, 서재, 온갖 종류의 개인 물품을 뒤져서 남에게 준다. 고맙다는 인사는 전혀 기대하지 않는다. 사치품도 거의 필요 없다. 주거 환경에서 잡동사니를 덜 쌓아둘수록 기분이 더 좋아진다는 걸 알았다. 앞에서 말한 대로 단 하루도 남을 돕고 봉사하지 않는 날이 없다. 신기하게도 남을 도우면서 시간, 에너지, 돈을 쓸수록 더 많은 것을 얻는다. 그 모든 것들은 계속 돌고 돌아서 더 많이 받을수록 더 많이 줄 수 있게 된다. 내 물건과 소득에 대한 자아의 집착은 버린 지 오래다.

그런 실천 속에서도 나는 네 번째 기본 덕목인 '봉사'를 끊임없이 떠올린다. 집요한 자아가 우아하게 물러나려고 하지 않기 때문이다. 그것은 툭하면 튀어나와서 나 자신을 먼저 생각하고, 내게 들어오는 것을 쌓아두고, 대단한 감사의 말을 기대하고, 그렇게 멋진 나 자신에 대한 좋은 표현을 만들어보라고 부추긴다. 그리고 높은 본성이 바라는 대로 사람들을 돕거나 봉사할 수는 없다고 말한다.

자아는 이렇게 말한다. '웨인, 넌 그렇게 너그럽지 않아. 지금까지 네가 가진 것을 얻으려고 열심히 노력했잖아. 호텔에서 청소를 하고 있는 사람에게 왜 그렇게 많은 돈을 주는데? 그냥 한두 푼이면 족해. 너 자신을 먼저 생각하란 말이야.'

자아는 쉬지 않고 이런 암시를 보낸다. 때로 그런 자아를 상자 속에 넣어 봉한 뒤에 다시는 튀어나오지 못하도록 상자를 깔고 앉는 상상을 한다. 그러면 아무도 테레사 수녀에게서 배운 것을 실천하면서 의미 있는 삶에 헌신하는 것을 방해하지 못할 테니까. '사랑은 실천되어야 하며, 그 실천은 봉사다'라는 말을 되새기며 사랑을 버려두고 나에게만 집중한다면 아무런 의미가 없다고 마음을 다잡는다.

자아를 한 쪽에 밀어두고 자신의 어머니, 아버지, 의붓어머니, 그리고 에이즈와 암에 걸린 사람들에게 봉사한 시간이 인생에서 가장 만족스럽고 의미 있었다고 말한 람 다스를 떠올려 본다. 그는 침대에 누운 아버지를 부축해서 화장실로 데려가 닦아주는 것을 단 한 번도 짐스러워하지 않았다. 오히려 그 일이 자기 인생에서 가장 위대한 기회였다고 말했다. 남을 돕고 보살피는 일에 전념하다보면 노자가 네 번째 기본 덕목을 실천하며 살라고 충고한 뜻을 분명히 알게 된다.

우리 모두가 완전한 겸손을 실천함으로써 보상을 기대하지 않는 봉사가 바탕이 된 인생을 사는 습관을 들일 수 있다. 그것은 깨어 있는 사람들에게서 찾을 수 있는 중요한 요소다.

자연이 어떻게 돌아가는지 관찰해보라. 바다는 낮지만 어마어마한 힘을 갖고 있다. 모든 강과 물들이 아래로 흘러 바다로 흘러들어가는 이유다. 《도덕경》도 우리에게 그런 사실을 일깨운다.

어찌하여 바다는 수많은 개울들의 왕일까?
그들보다 낮은 곳에 있기 때문이다.
그런 까닭에 남보다 더 높은 자리에 오르고자 하는 자는
겸손하게 말해야 한다.

잘 익은 과일들이 줄줄이 달린 나뭇가지는 키가 낮아지고 부드러운 비를 머금은 구름은 아래로 내려오며 고귀한 지노사는

공손하게 절한다. 이것은 의미와 목적의 방식이다. 철저한 겸손을 실천한다면 인생에서 의미와 목적을 찾고 네 가지 기본 덕목에 따라 살겠다는 확고한 의지를 자아에게 알릴 수 있다.

> 네 가지 덕목은 외적인 교리가 아니라 당신이 갖고 있는 본성의 일부다. 그것들을 실천할 때 지혜를 얻고 건강, 부, 행복, 장수, 평화의 다섯 가지 축복을 불러올 수 있다.[5]

잘못된 자신을 넘어서고 의미로 가득한 인생을 살고 있는 사람들은 그런 특성들을 갖고 있다. 그들은 '내 인생이 완전히 잘못되면 어떻게 하지?' 같은 의문으로 괴로워하지 않는다. 그들은 이미 더 높은 수준으로 전환한 사람들이다.

욕망에서 의미로의 전환

이 책에 담긴 메시지를 간결하게 정리하는 멋진 터키 속담이 있다. '잘못된 길은 아무리 많이 갔더라도 뒤로 돌아서라'가 그것이다. 그릇된 자아를 따라 아무리 멀리 갔더라도 괜찮다. 언제라도 자아가 우리를 목적과 의미로 이끌지 않는다는 것을 깨닫고 지금 자신이 잘못된 길에 서 있다는 사실을 인정하면 된다. 인생에 의미가 없다는 인식은 유턴을 할 때가 되었다는 충분한 증거가 되고도 남는다.

의미와 목적이 있는 인생의 길로 전환할 때 가장 조심해야 할 세 가지가 있다.

1. 특권의식에서 겸손으로의 전환

이것은 자아의 습관적인 사고 유형에서 멀어지는 기념비적인 전환이다. 자아는 타인이나 세상에 어떤 영향을 미치는지 상관하지 않아도 되는 특권이 우리에게 있다고 믿는다. 우리는 그 무엇에도 권리가 없다. 그럼에도 불구하고 내가 먼저라는 자아의 판단이 늘 우리를 끊임없는 좌절의 상태에 머물게 한다. 이런 사고는 세상과 그 안에 사는 수많은 사람들에 대한 일반화된 분노를 유발한다.

특권의식은 마찰을 발생시키는 자극적인 사고다. 그것은 냉정하고 독선적이며 오로지 자기 자신만 생각한다. 우리가 자아의 지배를 받고 있다는 것을 알아야 버릇없고 자기중심적인 아이들을 올바로 가르칠 수 있다. 그리고 욕망에서 의미로 전환하기 시작해야 '네가 아닌 다른 사람을 생각해' '네 것을 나눠' '네가 그 사람이라면 어떻게 했을지 생각해봐' 같은 충고들을 따르기도 쉬워진다.

세상이 우리에게 빚을 지고 있다는 유치한 발상을 버려야 한다. '국가가 당신에게 무엇을 해줄지 묻지 말고 당신이 국가를 위해 무엇을 해줄 수 있는지 물어라'라는 존 F. 케네디 대통령의 명언은 특권의식에서 벗어나 겸손으로 완전히 전환하도록 자극하는 각성제다. 그럴 때 우리는 자기중심적인 곳이 아닌 신에 대한 깨달음이 있는 곳에서 산다.

겸손으로 전환한다고 해서 자신을 깎아내리거나 나약해지라는 것이 아니다. 자기 자신보다 남을 먼저 배려하고 생각하라는 것이다. 겸손은 봉사의 하나로, 인생에 의미를 부여해야 한다는 목적의식을 함양한다. 자신이 어떤 권리를 갖고 있다는 생각을 하고 있다는 사실을 인정하면 지금까지 잘못된 길을 가고 있었음을 깨닫게 된다. 그러면 겸손으로 돌아가는 길을 찾고 의미를 경험하는 길에 접어든다.

자신에게 '어떻게 내가 가진 권리보다 더 많은 것을 다른 사람에게 요구할 수 있겠어?'라고 묻는다면 잠깐이라도 특권의식을 내려놓는 데 도움이 된다. 의미는 겸손을 철저하게 실천하는 동안 꽃을 피운다. 그러나 우리가 얼마든지 자격이 있다고 생각하는 한 의미의 꽃은 피지 않는다.

2. 통제에서 신뢰로의 전환

자기 자신에게 솔직해보자. 자신뿐만 아니라 다른 사람의 인생까지 통제하고 관리하려고 열을 올리는 자아에게 익숙해져 있지 않은가? 자아는 가족, 친구, 동료, 심지어는 전혀 모르는 낯선 사람이라고 해도 기꺼이 조종자의 역할을 맡는다. 하지만 방향을 바꾸고 나면 자신이 어떤 개인이나 상황을 통제하려고 애쓰는 무의미한 행동을 하고 있음을 깨닫는다. 그제야 그런 방해가 그릇된 자신의 월권 행위였다는 것을 인정한다.

예를 들면, 나는 대부분의 사회적인 대화에 참여하던 때가 있었다. 그러나 통제에서 신뢰로 전환하는 과정을 거친 지금은 대화의 방향, 표현된 의견과 더불어 흘러갈 뿐이다. 다른 사람들이 잘못된 자아의 역할을 받아들이고 있을 때조차 뒤에 앉아서 관찰하는 것으로 만족한다. 아이들이 중요한 결정을 내리면 동의하지 않을 때도 마음속으로 웃을 수 있다. 이처럼 통제에서 신뢰로 전환하면 간섭할 일이 줄어든다.

나는 친구, 가족과의 개인적인 상호작용을 넘어 훨씬 더 넓은 의미에서 더 많이 신뢰하고 덜 통제한다. 신이 책을 쓰고, 연설을 하고, 다리를 짓는다는 것을 가슴으로 느끼기 때문이다. 신뢰가 통제를 대신할 때 자아의 호소력은 떨어진다. 랠프 월도 에머슨은 '내가 본 모든 것이 보지 않은 모든 것에 대해 창조자를 신뢰하라고 가르친다'고 말했다. 이는 내가 하고 싶은 말이기도 하다. 나는 우주와 그것을 창조한 이를 절대적으로 신뢰한다.

우리는 신뢰로 우리 자신의 지혜를 인정한다. 똑같은 근원에서 왔고 분명히 그것과 닮아있을 것이라고 믿는다. 근원이 우리를 이끌어줄 것이라고 믿는다. 자만심과 우월감을 가지라는 자아의 요구로 일을 망치지는 않는다. 신뢰는 점령하지 않고 귀를 열게 한다. 남의 말을 경청하면 만물을 창조한 근원이 우리의 보잘것없는 자아를 대신해서 모든 책임을 지고 있다는 사실을 알고 편안히 뒤로 물러나 앉게 된다. 통제에서 신뢰로의 전환은 평생을 사는 동안 아주 중요한 과제다.

영화 〈시프트〉에서 나는 내 영혼의 외침에 부응하는 길을 어떻게 찾았는지 설명한다. 책을 써서 더 많은 돈을 벌어 나의 명성을 현금화할 방법에 대해 지껄이는 자아가 아니라 내면 깊은 곳에서부터 느껴지는 것에 귀를 기울였다. 내면의 설렘을 믿음으로써 심리학에 관한 글이 아니라 영적인 근원을 바탕으로 사는 인생에 관한 글을 쓰는 큰 전환을 할 수 있었다. 나의 글과 강연 경험을 통제하려는 자아의 욕망에서 벗어나 의미의 길에 들어서게 되었다.

그렇다면 자아의 통제에서 벗어나려면 무엇을 믿어야 할까? 세 개의 표지판을 찾아야 한다. 자신에 대한 신뢰, 타인에 대한 신뢰, 존재의 근원에 대한 신뢰가 그것들이다. 다음은 그 각각에 대한 간략한 설명이다.

• **자신을 신뢰하라**
어떤 식으로든 자신의 영혼이 하는 말을 들어야 한다. 사람마다 표현되는 형태는 달라도 직관은 대체로 믿을 만한 목소리다. 마하트마 간디는 직관에 대한 자신의 느낌을 이렇게 설명했다.

> 진리란 무엇이냐고요? 어려운 질문이죠. 그러나 나는 '내면의 목소리'가 하는 말이라는 답을 스스로 얻어냈습니다.

• 타인을 신뢰하라

가능하면 간섭하지 말라는 뜻이다. 모든 사람들은 내면에 존재하는 우주를 가지고 있다. 따라서 남을 신뢰하면 간섭을 해야 한다는 생각에서 벗어나게 된다. 《도덕경》에서 노자는 이렇게 말한다.

너는 우주를 점령해서 더 나아지게 할 수 있다고 생각하는가?
너는 그것이 이루어질 수 있다고는 믿지 않는다.

하늘 아래 모든 것(모든 사람)이 성스러운 그릇이며
통제될 수 없다.
통제하려는 시도는 파멸로 이어진다.
잡으려다가 잃어버린다.

• 존재의 근원을 신뢰하라

창조의 신비를 믿으라는 것이다. 모든 창조물의 우주적 근원은 눈에 보이지 않을지는 몰라도 태아가 자궁 속에서 자랄 때처럼 우리를 인도한다. 성스러운 지성을 믿을 때 그와 함께 의미로의 전환을 이룬다.

3. 집착에서 버림으로의 전환

내 인생에서 가장 큰 교훈은 근원으로 회귀하는 순간의 구호를 중심으로 맴돌고 있는 것 같다. '내려놓고 신에게 맡겨라'는 말은 어떤 대상에 대한 자아의 집착이나 두려움을 버리는 것을 뜻한다. 우리가 인생의 아침을 보내는 동안 가장 눈에 띄는 집착은 자신이 옳다는 믿음에 대한 집착이다. 자신이 옳다는 믿음만큼 자아가 사랑하는 것은 없다. 그것은 '버림'을 실천하기 어려울 정도로 중요하고 만족스러운 집착이다.

이 책을 읽는 독자들은 대부분 사소한 문제로 다투다가 심각한 언쟁을 한 경험이 있을 것이다. 그런 경우 대개 열을 올리며 자기주장을 내세우게 된다. 그런 다툼의 원인은 오로지 자신을 정당화하려는 욕구, 욕망이 전부인 것 같다. 그러다 먼 훗날 옛일을 돌아보면서 씁쓸한 미소를 짓는다. 자신의 잘못이 드러날 수 있다는 두려움이 너무 커서 무의식중에 다른 사람에게 화를 냈다는 것을 깨닫기 때문이다. 자아의 전략은 무조건 자신을 정당화하는 것이다. 그것은 진정한 의미로부터 우리를 떼어놓을 수 있는 매우 훌륭한 방법이다.

모든 것을 내려놓고 신에게 맡김으로써 자기 정당화에 대한 집착을 버리겠다는 결정을 짧게 줄이면 '당신이 옳습니다'가 된다. 하지만 그런 마음가짐에는 빈정거림이나 위선이 아닌 친절과 진심이 필요하다는 것을 기억해야 한다. '당신이 옳습니다'란 두 마디가 모두 놓아버리고 신에게 맡김으로써 인생에서 더 많은 의미를 경험하는 곳으로 가는 문을 열어줄 것이다.

자아의 집착을 쉽게 버릴 수 있는 또 다른 방법은 차고와 찬장, 옷장을 청소하는 것이다. 물질적인 소유물을 버리고 그것들에 집착하지 않는 연습을 해라. 지난 열두 달 동안 쓰지 않은 물건은 당신 것이 아니다. 우리는 조엘 골드스미스가 《영원 속의 괄호: 신비로운 삶(Parenthesis in Eternity: Living the Mystical Life)》이라는 제목의 책에서 설명한 '사람들' 중 한 명이 되기 위한 훈련을 할 수 있다.

> 결국은 사라질 것들, 손에 넣고 나면 한낱 환영에 불과한 것들을 얻으려고 발버둥치고 안달하는 일이 얼마나 무모한지 깨닫는 단계에 도달하는 사람들이 있다.
> 이 단계에서 어떤 사람들은 외적인 영역에 있는 것을 열망하다가 방향을 돌려 신에게서 그것들을 찾는다.

스트레스는 대개 더 많은 것을 얻으려고 안달하게 하는 신념에 매달릴 때 발생한다. 자아는 아무것도 필요하지 않다는 믿음을 끈질기게 거부한다. 우리가 전환을 하면 자아의 영향력은 점점 사라진다. 집착이 만족으로 바뀐다. 따라가고 노력하고 그러다 얻고자 하는 대상에 집착하는 것은 욕망을 부르는 불안의 근원이다. 그것은 영적인 면에서 의미에 대한 욕구를 채워주지는 못한다. 우리가 추구하는 모든 것들은 궁극적으로 우리를 우리의 본성에서 멀리 떼어놓는다. 집착은 모두 사라질 운명을 갖고 있다. 골드스미스의 지적대로 모두가 환영에 불과하기 때문이다.

우리가 진정한 자신을 향해 움직일 때 이 장에 나오는 모든 전환이 존재의 자연스러운 방식이 된다. 새로운 태도는 좋은 기분을 가져다준다. 우리를 점령하던 이기적인 욕구가 더는 편안하게 느껴지지 않는다는 것을 깨닫는다. 의미는 자아의 욕망보다 우월하다.

네 가지 기본 덕목에 따라 살며 겸손, 신뢰, 내려놓음으로 전환하면 편안한 기분이 든다. 우리의 본성과 재회하기 때문이다. 그야말로 의미 있는 인생은 '생각' 하나에 달렸다.

서문에서 인용한 로렌스 반 데어 포스트의 이야기로 이 책을 마무리하려고 한다. 그는 아프리카 부시맨의 이야기를 하며 우리의 인생에서 굶주림과 의미, 목적이 어떤 관계를 맺고 있는지 설명한다. 나는 이 글이 여러 면에서 무척 상징적이라고 생각한다. 책을 다 읽은 지금, 이 글을 다시 읽어보기 바란다. 나는 우리가 각자 자신의 인생에서 의미를 찾을 의무가 있다는 것을 알았으면 한다.

칼라하리 사막의 부시맨들은
두 명의 '굶주린 자'에 대해 이야기한다.
그레이트 헝거(Great Hunger)와 리틀 헝거(Little Hunger).
리틀 헝거는 배를 채울 음식을 원하지만
모든 배고픈 자들의 으뜸인 그레이트 헝거는
의미에 굶주려 있다.

궁극적으로 인간을 깊고 극심한 고통에
빠뜨리는 것이 하나 있는데
바로, 그들에게 의미 없는 인생을 맡기는 것이다.

행복을 추구하는 것은 잘못이 아니다.
그러나 영혼에 위안을 주는 것들 중에
행복이나 불행보다 더 큰 것이 있는데
그것은 의미다.
의미는 모든 것을 변화시킨다.
자기 일에 의미를 찾는다면
행복해도 불행해도 괜찮다.
그는 만족을 느끼며, 신(神) 안에서 외롭지 않다.

주

1장

1. 칼릴 지브란, 《예언자》, 알프레드 A. 크노프 출간
2. 리너드 프랭크, 《랜덤하우스 웹스터 인용사전(Randomhouse Webster's Quotationary)》, 랜덤하우스 출간
3. T. S. 엘리엇, 《4개의 4중주》, 하코트 출간
4. 《랜덤하우스 웹스터 인용사전》
5. 같은 책
6. 앤디 접코, 《지혜의 보물: 인생을 변화시키는 인용문 모음(Treasury of Spiritual Wisdom: A Collection of 10,000 Powerful Quotations for Transforming Your Life)》, 모티랄 바나르시다스 출간
7. 같은 책

2장

1. 《지혜의 보물》
2. 팻 로드게스트·주디스 스탠턴, 《임마누엘의 책: 우주에서 편안히 살기 위한 안내서(Emmanuel's Book: A Manual for Living Comfortably in the Cosmos)》, 밴텀 출간
3. 《지혜의 보물》

3장

1. 칼 융 원작, 조셉 캠벨 편집, 《문고판 융(The Portable Jung)》, 바이킹 펭귄 출간
2. 엘리자베스 퀴블러 로스 재단의 허가에 따라 게재된 인용문

3. 카미유·카비르 헬민스키, 《루미: 햇볕(Rumi: Daylight)》, 샴발라 출간
4. 톰 버틀러-보든, 《자기계발의 고전 50선: 인생을 변화시키는 영감을 주는 책들(50 Self-Help Classics: 50 Inspirational Books to Transform Your Life)》, 니콜라스 브릴리 퍼블리싱 출간

4장

1. 브라이언 워커, 《화호경: 알려지지 않은 노자의 가르침들(Hua Hu Ching: The Unknown Teachings of Lao Zu)》, 하퍼콜린스 출간
2. 같은 책
3. 같은 책
4. 《랜덤하우스 웹스터 인용사전》
5. 《화호경》

- 《천천히 서둘러라: 로렌스 반 데어 포스트의 여행》의 내용을 발췌하도록 허락해준 미키 레믈에게 감사의 말을 전한다. 더 많은 정보가 필요한 독자는 www.lemlepictures.com을 찾아보기 바란다.
- 오랫동안 내게 영감을 준 최고의 인용문들을 엮은 《랜덤하우스 웹스터 인용사전》의 저자 리너드 프랭크에게 특별히 감사의 마음을 보낸다.
- 따로 밝히지 않은 경우 《노녀경》의 인용문들은 공용 출처나 내가 직접 번역한 《생각을 바꾸고 인생을 바꿔라》에서 발췌되었다.

KI신서 3094

세상에 마음 주지 마라

1판 1쇄 발행 2011년 1월 29일
1판 3쇄 발행 2011년 2월 22일

지은이 웨인 다이어 **옮긴이** 정경옥
펴낸이 김영곤 **펴낸곳** (주)북이십일 21세기북스
출판콘텐츠사업부문장 정성진 **출판개발본부장** 김성수 **인문실용팀장** 심지혜
기획·편집 이주희 **표지디자인** 박선향 **본문디자인** 모아
마케팅영업본부장 최창규 **마케팅** 김보미 김현유 강서영 **영업** 이경희 우세웅 박민형
출판등록 2000년 5월 6일 제10-1965호
주소 (우 413-756) 경기도 파주시 교하읍 문발리 파주출판단지 518-3
대표전화 031-955-2100 **팩스** 031-955-2151 **이메일** book21@book21.co.kr
홈페이지 www.book21.com **트위터** @21cbook **블로그** b.book21.com

ISBN 978-89-509-2850-6 13320
책값은 뒤표지에 있습니다.

이 책 내용의 일부 또는 전부를 재사용하려면 반드시 (주)북이십일의 동의를 얻어야 합니다.
잘못 만들어진 책은 구입하신 서점에서 교환해 드립니다.